LUIZ PIMENTEL

DITADURA

Lafonte

Brasil · 2020

Título – Ditadura
Copyright © Editora Lafonte Ltda. 2020

ISBN 978-5870-019-7

Todos os direitos reservados.
Nenhuma parte deste livro pode ser reproduzida por quaisquer meios existentes sem autorização por escrito dos editores e detentores dos direitos.

Direção Editorial	**Ethel Santaella**
Organização e Revisão	**Ciro Mioranza**
Diagramação	**Demetrios Cardozo**
Imagem de capa	**Art Furnace / Shutterstock**

```
Dados Internacionais de Catalogação na Publicação (CIP)
          (Câmara Brasileira do Livro, SP, Brasil)

   Pimentel, Luiz
      Ditadura / Luiz Pimentel. -- São Paulo : Lafonte,
   2020.

      Bibliografia.
      ISBN 978-65-5870-019-7

      1. Ditadura 2. Ditadura - História I. Título.

20-44670                                          CDD-320.9
          Índices para catálogo sistemático:

    1. Ditaduras : História política    320.9

    Cibele Maria Dias - Bibliotecária - CRB-8/9427
```

Editora Lafonte

Av. Profª Ida Kolb, 551, Casa Verde, CEP 02518-000, São Paulo-SP, Brasil
Tel.: (+55) 11 3855-2100, CEP 02518-000, São Paulo-SP, Brasil
Atendimento ao leitor (+55) 11 3855- 2216 / 11 - 3855 - 2213 – atendimento@editoralafonte.com.br
Venda de livros avulsos (+55) 11 3855- 2216 – vendas@editoralafonte.com.br
Venda de livros no atacado (+55) 11 3855-2275 – atacado@escala.com.br

Impressão e Acabamento
Gráfica Oceano

ÍNDICE

05	**1. Como retratar uma ditadura?**
19	**2. A origem da ditadura: uma estratégia republicana**
29	**3. As ditaduras modernas: entre revoluções, golpes de estado e projetos antidemocráticos**
29	3.1 Ditadura e revolução
35	3.2 Ditadura, democracia e autoritarismo
47	**4. As Ditaduras Brasileiras**
48	O Estado Novo de Getúlio Vargas (1937-1945): uma ditadura em meio à guerra
48	a) Antecedentes do Estado Novo: anticomunismo e ascensão de governos autoritários ao redor do globo
57	b) O líder carismático e as reformas populistas
61	c) Censura e sistema de propaganda do Estado Novo
64	d) Declínio do Estado Novo: uma ditadura brasileira diante da Segunda Guerra Mundial

66	4.2 O Regime Militar (1964-1985): 21 anos de exceção
68	Antecedentes do golpe militar: impedimento político do avanço das reformas progressistas
73	Os militares e o "milagre econômico"
76	a) Os Atos Institucionais e o AI-5
79	b) Ditadura, repressão e tortura
83	c) Declínio da ditadura militar
89	**5. O problema do retrato: ditadura e memória**

1. COMO RETRATAR UMA DITADURA?

A palavra "ditadura" corre solta entre nós. Nós a utilizamos cotidianamente para designar espaços ou situações em que lidamos com hierarquias, modelos e autoridades: "essa escola é uma ditadura", "esse chefe é um ditador"; "somos vítimas da ditadura do corpo perfeito" etc. Sabemos, no entanto, que a palavra também apresenta um sentido político. Nosso senso comum compreende que ela designa uma forma de governo contrária à democracia e que se fez muito presente ao longo do século XX ao redor do mundo.

Este pequeno livro é um convite para pensarmos e delimitarmos conceitualmente algumas das características que conformam os regimes políticos nomeados como ditatoriais, mais especificamente aqueles que se situam no tempo histórico da modernidade. Para trilhar esse caminho de modo conciso e, ao mesmo tempo, atento a alguns detalhes e distinções conceituais importantes a ser realizadas, será necessário que observemos algumas das transformações da compressão e dos usos da palavra "ditadura" ao longo da história, assim como analisarmos semelhanças e diferenças entre alguns dos governos ditatoriais que se instauraram ao redor do globo. Também será preciso aproximar nosso olhar em relação à nossa história recente, de modo a reconhecer como os regimes ditatoriais se fizeram presentes em nosso continente e, mais particularmente, em nosso país.

Podemos afirmar, portanto, que uma das tentativas dessa pequena obra consiste na elaboração de um breve retrato conceitual e histórico do termo "ditadura", termo esse que, como veremos, além de uma designação, implica em uma estratégia governamental com consequências diretas na vida de determinada população e no destino histórico de um território.

A ideia de retrato nos parece interessante, uma vez que ditaduras são períodos em que os modos como a história é retratada, ou seja, as formas e os pontos de vista com os quais o imaginário simbólico ao redor de um período é estabelecido, tornam-se uma das maiores preocupações tanto daqueles que afirmam quanto daqueles que se opõem ao regime ditatorial.

A etimologia da palavra retrato nos leva ao termo italiano *ritratto*, que indica o trabalho de construção da efígie de uma pessoa. O termo deriva do latim *retractus* que, por sua vez, consiste no particípio passado de *retrahere*, onde *re* indica a ideia de "para trás", ao passo que *trahere* indica o movimento físico de "tirar, extrair, puxar". Assim, poderíamos pensar, etimologicamente, o retrato como um movimento de se extrair uma imagem de algo ou de alguém. Esse processo de constituição de uma narrativa ou descrição de um acontecimento ou da vida de uma pessoa, como bem sabemos, nunca é neutro. Obrigatoriamente, retratar algo lida com o estabelecimento de recortes, perspectivas e, sobretudo, com determinado efeito que se pretende causar em alguém ou em um grupo de pessoas por meio da imagem elaborada.

Tendo isso em vista, começamos a delimitar nossa compreensão sobre as ditaduras afirmando que, além de consistirem em modalidades de regime político delimitadas, sobretudo, pela alta concentração de poder ao redor de um estadista ou de um grupo político, elas também são formas de governo sustentadas a partir de uma intensa produção simbólica do imaginário social.

Não à toa uma das características mais explícitas das ditaduras modernas é a criação de fortes redes de propaganda, produção de imagens e uma acelerada veiculação de informações – muitas vezes enviesadas –, a respeito do regime. Tais redes são responsáveis, dentre outras funções, por produzir compreensões a respeito do regime governamental, de modo a induzir a adesão e o apoio por parte da coletividade a ele. Independente da ideologia que pauta a ditadura em questão, podemos observar que o material propagandístico produzido por tais governos tende a representar a imagem ideal de uma população fraterna, solidária e combativa, sendo conduzida positivamente pelas forças do Estado, em direção a um futuro próspero. Há também um elemento que se destaca: os modos como os líderes de Estado – ou seja, os ditadores – são retratados. Hitler, Stalin, Mussolini, Getúlio Vargas, Mao Zedong, Pinochet, Fidel Castro, Salazar, assim como muitos outros estadistas de regimes ditatoriais, tiveram suas figuras exaustivamente retratadas, seja formalizadas em estátuas ou estampando panfletos, cartazes, muros, livros, periódicos etc.

Por mais que, ao longo de diversos momentos históricos, a relação entre os líderes políticos (monarcas, imperadores, faraós, presidentes etc.) e a produção de sua autoimagem tenha sido demarcada pela construção de monumentos e obras que destacavam suas figuras – inclusive em períodos democráticos –, nos regimes ditatoriais modernos, o que se convencionou chamar como *culto à personalidade* ganhou dimensões inéditas. Se realizarmos uma rápida comparação entre as campanhas publicitárias que retratam os ditadores modernos, podemos perceber alguns elementos em comum. Tais líderes sempre são representados como ícones da força, da condução política e da prosperidade. Muitas vezes têm, como pano de fundo de suas imagens, os raios do sol (aproximando-os da figura de um redentor), fragmentos do território de seu país, pessoas do povo acenando apoio ao seu governo e até mesmo o globo terrestre. O olhar desses ditadores está, em geral, voltado para o horizonte, indicando perspectivas de futuro, ou para seu povo, demonstrando a preocupação desse grande homem com a população. Muitas vezes, aliás, esse olhar do líder converge em direção às crianças, articulando a passagem entre a jovem população e o futuro próspero.

Se os modos como os líderes de Estado são retratados em períodos ditatoriais são importantes para a criação do imaginário nacional sobre tais regimes, um bom modo de estabelecer uma crítica à centralização do poder ditatorial é questionar a produção desse mesmo imaginário.

Um episódio célebre dessa crítica à produção de imagens oriundas de uma ditadura foi a retirada dos quadros da Escola Militar de El Palomar, que retratavam os ditadores Rafael Videla e Reynaldo Bignone, pelo presidente da Argentina à época, Nestor Kirchner. Tal evento aconteceu no dia 24 de março de 2004, 28 anos depois do dia em que um golpe militar autointitulado Processo de Reorganização Nacional (PRN) inaugurava uma ditadura na Argentina, cujas consequências compreendem a morte e o desaparecimento de aproximadamente 30.000 pessoas. O regime militar argentino, sustentado até o ano de 1983, assim como outras ditaduras latino-americanas, valeu-se de diversas estratégias repressivas em relação aos seus opositores, como torturas, assassinatos, desaparecimentos de indivíduos, campos de concentração e centros clandestinos de detenção. Ao ser eleito democraticamente no ano de 2003, uma das propostas governamentais de Kirchner consistia justamente em confrontar a memória em relação ao regime ditatorial, de modo a reorganizar o imaginário social sobre o período. Em 2004, o então presidente criou o Museu da Memória, localizado no mesmo edifício da Escola de Mecânica Armada, espaço usado para a detenção dos perseguidos ao longo da ditadura. No ano de 2005, conseguiu que fosse declarada a inconstitucionalidade de processos de anistia dos ditadores e torturadores do período ditatorial, gerando julgamentos e condenações de pessoas implicadas ao longo do regime. O episódio da retirada dos retratos dos ditadores Videla e Bignone, realizado em 2004, é considerado um dos atos simbólicos mais fortes em relação à reconfiguração da memória do período ditatorial. É importante que notemos que, ao tornar a destituição dos retratos dos ditadores uma ação de governo, assim como um evento público e televisionado, o governo Kirchner também estava criando determinado modo de retratar a si mesmo, criando uma imagem e narrativa do que deveria ser uma compreensão democrática do poder. As palavras proferidas por Kirchner na cerimônia pública de retirada dos retratos tinham destinatário e recado precisos:

> Senhores integrantes do Colégio Militar da Nação e das Forças Armadas, senhores generais e oficiais superiores: nunca mais, nunca mais hão de voltar a subverter a ordem institucional na Argentina. É o povo argentino pelo voto e a decisão do mesmo, quem decide o destino da Argentina; definitivamente acabará com as mentes iluminadas e os salvadores messiânicos que só trazem dor e sangue aos argentinos. (Disponível em: <https://outraspalavras.net/historia-e-memoria/quando-os-ditadores-despencaram-da-parede/>. Acesso em 31 ago. 2020)

Outro modo possível de subversão em relação às narrativas oficiais produzidas pelos períodos ditatoriais acontece, em geral, por meio da produção artística e cultural desses períodos. Mobilizando diversas estratégias de linguagem, tais produções acabam por organizar críticas, sátiras e contra-narrativas a esses regimes autoritários. Um dos exemplos memoráveis de um retrato derrisório do autoritarismo ditatorial aparece no filme *O grande ditador* (1940) do ator e diretor estadunidense Charlie Chaplin. Criado um ano antes do ingresso dos Estados Unidos na Segunda Guerra Mundial, o filme elabora uma sátira do Terceiro Reich alemão por meio da invenção de uma ditadura fictícia instalada em um país inexistente chamado Tomânia. O alvo da crítica de Chaplin é evidente: o comediante entra em embate direto com a figura de Adolf Hitler (satirizado por uma personagem chamada Adenoid Hynkel, interpretada pelo próprio ator) e que, não à toa, representa o grande ditador do título do filme. Provavelmente Chaplin não tivesse a dimensão exata da importância que teria essa sua obra na época, pois quando o filme estreou não haviam ainda sido encontrados os campos de concentração nazistas nem se fazia ideia dos números impactantes oriundos do genocídio do povo judeu. Hoje, no entanto, sabemos que o retrato de Chaplin satirizou o maior símbolo contemporâneo de um governo não somente ditatorial, mas autocrático, totalitário e genocida, sendo que Hitler ocupa, talvez mais do que qualquer outro estadista, o imaginário social de nossa época como símbolo máximo da figura de um ditador.

Há, nessa obra de Chaplin, uma sequência clássica do cinema mundial que estabelece um retrato repleto de camadas dos elementos de uma ditadura e que nos pode servir como imagem disparadora para nosso percurso. Na cena, Hynkel, o Hitler de Chaplin, está conversando com um dos seus generais em sua imensa sala de trabalho, onde podemos observar um grande cartaz com o símbolo de seu governo (uma alusão à suástica nazista) irradiando feixes luminosos, tal como se fosse o sol. O general, em sua conversa com Hynkel, incita o imaginário do ditador para que ele não se contente apenas com o governo da Tomânia, mas sim para que cogite ampliar seu território, de modo a se tornar o futuro líder do globo. Hynkel, assaltado pela vertigem da ideia de um governo geral do mundo, pede para ficar sozinho. Nesse instante, ouvimos soar a música da ópera *Lohengrin* de Richard Wagner (compositor alemão entusiasta do regime nazista). Sozinho em sua sala, Hynkel se aproxima de um globo terrestre que se encontra próximo da sua mesa. O ditador, em transe diante da imensa imagem criada de seu poder, então profere as seguintes palavras "Ou César ou nada..." A referência nos remete diretamente à Roma republicana que, como veremos, foi o berço do conceito de "ditadura", assim como de seu uso como estratégia de governo. Hynkel então passa a dançar em seu imenso salão com o globo terrestre. Nessa coreografia, o ditador dança levemente, rindo, divertindo-se e sonhando com seu projeto de conquista. O globo é manipulado com destreza pelo ditador, batendo em sua cabeça, seus pés, nas palmas da sua mão e em suas nádegas. Ao fim, ao envolver o globo com seus dois braços, Hynkel acaba por estourar o balão. Com os fragmentos de plástico em suas mãos, o líder chora em sua mesa, diante da tragédia que aconteceu.

A partir da cena antológica de Chaplin (e que pode ser assistida facilmente numa rápida busca virtual), podemos extrair alguns pontos que devemos considerar ao longo de nosso trajeto por este livro, de modo a compreender qual retrato será elaborado aqui em torno do conceito de ditadura.

Antes de mais nada, para retratar como a ditadura acontece na modernidade, devemos resgatar alguns elementos que estão na sua origem, ou seja, no período em que as primeiras ditaduras aparecem na Antiguidade romana. Chaplin não cita César por acaso: a Antiguidade nos oferece pistas importantes para nossa compreensão a respeito de como a ditadura foi mobilizada como uma importante estratégia para a resolução de crises políticas nesse período.

Também a pergunta lançada ao grande ditador de Chaplin durante a cena – *para que se contentar com uma nação, sendo que se pode se tornar o ditador do mundo?* – nos leva diretamente a uma das características principais da ditadura: o intenso nível de concentração e centralização de poder encontrado nesse regime.

De fato, o que parece diferir radicalmente um regime democrático de uma ditadura consiste tanto

a) no lugar (ao que devemos perguntar: *Com quem está o poder? O poder se encontra disperso ou concentrado? O poder circula entre um corpo político ou se encontra sempre centralizado nas mãos de um indivíduo ou de uma oligarquia?*), como

b) na qualidade (ao que devemos perguntar: *O poder é mobilizado de modo autoritário, restringindo o acesso dos cidadãos à informação e à liberdade de expressão?*) e

c) no tempo (ao que devemos perguntar: *O poder em exercício lida com a perspectiva da alternância de tempos em tempos?*) do poder que está em exercício.

A cena nos apresenta ainda o tipo de ditadura que encontra sua legitimidade na figura do líder carismático. Como veremos, alguns dos regimes ditatoriais modernos não estarão configurados na figura de um único líder – um exemplo é o Regime Militar brasileiro (1964-1985) – e serão compostos por um grupo ou junta de governantes. Entretanto, é inegável notar que a maior parte das ditaduras modernas foi consolidada ao redor dessas figuras que acabaram entrando para a história sob o conjunto desses grandes ditadores.

Por mais que a cena de Chaplin nos faça rir da pretensão desse ditador que sonha em governar o mundo como um todo, é importante notar que não necessariamente uma ditadura tem pretensões totalitárias de poder. Em geral, as ditaduras se confundirão com o autoritarismo, uma vez que centralizam o poder e dominam o espaço público com certo modo único de governar, sem, contudo, se tornarem totalitárias. Assim, é importante que consigamos diferenciar o conceito de ditadura dos de autoritarismo e totalitarismo, por mais que, em alguns regimes políticos históricos, esses três conceitos se vinculem e se confundam.

Por fim, retomamos aqui o aspecto de produção de imaginário que cerca qualquer regime ditatorial. Veremos que períodos ditatoriais fazem largo uso das ferramentas que regulam a comunicação social, como a censura. Não sem motivo, o filme de Chaplin à época de seu lançamento mundial sofreu a censura de alguns países como a Alemanha (por razões óbvias) e de diversas cidades dos próprios Estados Unidos, pois o caráter crítico do filme poderia implicar em rechaços ao país, que ainda não havia entrado diretamente na Segunda Guerra. Observaremos ainda como ditaduras tendem a investir grande quantidade de dinheiro e tempo em aparelhos que regulam a comunicação, estando atentas aos modos de controlar a produção de críticas a esse tipo de regime, assim como a aparição de outros imaginários governamentais possíveis.

* * *

Antes de darmos continuidade ao nosso percurso por esta obra, é importante salientarmos alguns dos motivos que trazem ao centro das discussões contemporâneas a compreensão e o discernimento crítico a respeito de um tipo de regime governamental como a ditadura. Diversas são as análises políticas atuais a respeito das crises dos regimes democráticos edificados no Ocidente ao longo do século XX.

Nessas leituras a respeito da experiência política contemporânea há, entretanto, um fator que salta aos olhos. Diante da crise da experiência democrática, são diversos os projetos políticos que emergem em diversos países e que se apoiam numa concepção autoritária e, algumas vezes, totalitária do poder. Ainda, são descritas em periódicos algumas manifestações populares (de menor e maior número e organizadas, em geral, por partidos conservadores) em que cidadãos cogitam como hipótese governamental a instauração de regimes de exceção, mais particularmente de caráter ditatorial.

Tais manifestantes acreditam que somente um estado de exceção, conduzido por um forte poderio militar, assim como por um líder determinado e carismático, poderiam reconduzir uma nação não somente à ordem, mas também à prosperidade econômica. A retórica desses grupos, aliás, muito se assemelha ao que o teórico franco-argelino Jacques Rancière (2014) denominou como um ódio à democracia.

> O ódio à democracia não é novidade. É tão velho quanto a democracia, e por uma razão muito simples: a própria palavra é a expressão de um ódio. Foi primeiro um insulto inventado na Grécia Antiga por aqueles que viam a ruína de toda ordem legítima no inominável governo da multidão. Continuou como sinônimo de abominação para todos que acreditavam que o poder cabia de direito aos que a ele eram destinados por nascimento ou eleitos por suas competências. Ainda hoje é uma abominação para aqueles que fazem da lei divina revelada o único

fundamento legítimo da organização das comunidades humanas. (...) Seus porta-vozes [do novo ódio à democracia] habitam todos os países que se declaram não apenas Estados democráticos, mas democracias *tout court*. Nenhum reivindica uma democracia mais real. Ao contrário, todos dizem que ela já é demais. Nenhum se queixa das instituições que dizem encarnar o poder do povo nem propõe medidas para restringir esse poder. A mecânica das instituições que encantou os contemporâneos de Montesquieu, Madison ou Tocqueville não lhes interessa. É do povo, de seus costumes que eles se queixam, não das instituições de seu poder. Para eles, a democracia não é uma forma de governo corrompido, mas uma crise da civilização que afeta a sociedade e o Estado através dela. (...) Nós nos acostumamos a ouvir que a democracia era o pior dos governos, com exceção de todos os outros. Mas o novo sentimento antidemocrático traz uma versão mais perturbadora da fórmula. O governo democrático, diz, é mau quando se deixa corromper pela sociedade democrática que quer que todos sejam iguais e que todas as diferenças sejam respeitadas. Em compensação, é bom quando mobiliza os indivíduos apáticos da sociedade democrática para a energia da guerra em defesa dos valores da civilização, aqueles da luta das civilizações. O novo ódio à democracia pode ser resumido então em uma tese simples: só existe uma democracia boa, a que reprime a catástrofe da civilização democrática (RANCIÈRE, 2014, p. 8).

Em vista disso, esta obra tem como um de seus objetivos o de, por meio da exploração conceitual do termo "ditadura", ser uma contribuição que desacelere essa demanda, muitas vezes irrefletida, da retomada de uma organização ditatorial. Ainda mais quando temos em vista as consequências presentes até hoje em nossa sociedade, frutos das experiências ditatoriais nacionais e latino-americanas. Assim, será importante analisarmos detidamente tanto os sentidos históricos que permitiram a realização de um regime ditatorial, quanto os diversos ônus que tais regimes projetaram sobre as sociedades modernas, muitas vezes impossibilitando a plena realização de um projeto democrático, fundamentado nos ideais de igualdade, liberdade e dignidade entre a população.

2 — A ORIGEM DA DITADURA: UMA ESTRATÉGIA REPUBLICANA

Para compreendermos as características que residem na origem do conceito de ditadura – concepção essa que em muito difere da compreensão moderna do termo – é importante retrocedermos alguns milênios, de modo a aportarmos na República Romana, cuja duração foi atribuída por alguns historiadores ao intervalo decorrido entre os anos 509 a.C. e 27 a. C.

Antes de mais nada, devemos notar que o marco inicial da República Romana expressa uma inédita reorganização das forças políticas na história do Ocidente. O cientista político italiano Nicola Matteucci (2008) nos diz que a República como regime político emerge em contraponto ao ideário monárquico. Como sabemos, a forma com que as monarquias são organizadas legitima o poder do rei por meio de um direito que é, sobretudo, do tipo hereditário. Essa hereditariedade remontaria a uma ascendência definida por uma escolha política que teria sido realizada, em última instância, por uma entidade divina. Na República, por sua vez, o chefe de Estado (seja ele um indivíduo ou um grupo de pessoas) obrigatoriamente precisa ser eleito pelos cidadãos, de modo direto ou indireto. Desse modo, a mudança radical instaurada pela República seria o fato de que a continuidade política passaria a não estar mais circunscrita a laços consanguíneos, de modo a manter uma mesma linhagem, grupo ou classe no poder, mas sim a uma disputa que, virtualmente, poderia acontecer entre quaisquer cidadãos, independentemente de sua origem.

Nessa direção, o ano 509 a.C., que marca o início da República Romana, coincide justamente com a queda da antiga monarquia, quando o rei Tarquínio, o Soberbo, foi deposto e substituído por um governo chefiado por cônsules. Esses políticos, por sua vez, haviam sido eleitos pelos cidadãos e tinham sua governabilidade mediada por um senado. A escolha de um termo tão significante quanto República (formado pela junção das palavras *res* e *publica*, "coisa pública") para denominar esse novo tipo de governo por parte dos romanos indicava, assim, sua iniciativa de romper com o passado aristocrata, de modo a trazer para o centro da arena política os debates tanto sobre o bem comum como sobre a comunidade de cidadãos.

Evidentemente que, do mesmo modo como acontece com a ideia de ditadura, o conceito de República será transformado ao longo da história. Além disso, é importante atentar para o fato de que toda participação cidadã na política (seja por meio do voto ou outro instrumento de participação popular), obriga-nos a situar quem são as pessoas que possuem ou não o estatuto jurídico de cidadão em determinada época.

Apesar dessas ressalvas em relação à real ambiência democrática da República Romana, pode-se observar que tal regime de governo propunha uma organização interna radicalmente distinta da monarquia. Sublinhemos algumas das características que tornam evidentes essas diferenças:

a) Os cidadãos da República, por meio de colegiados e assembleias, passaram a eleger, de modo direto ou indireto, seus próprios governantes. Nesse sentido, observamos que a forma política da República colocava em xeque qualquer tipo de autoridade política fundada a partir de uma perspectiva metafísica: o governante passava a não ser mais reconhecido como um eleito por um deus, mas sim um escolhido a partir da vontade e do debate entre as pessoas que participavam da vida política. No caso romano, essas pessoas consistiam especificamente naquelas que estavam autorizadas a participar da esfera jurídica da cidadania;

b) O poder de decisão e, sobretudo, o poder de legislar do governante não estava concentrado apenas em suas mãos. A República Romana instaurou procedimentos de descentralização do poder. Para isso, magistrados se reuniam de modo a compor um senado que realizava mediações e avaliações em torno das decisões do governante. Uma das estratégias encontradas para delimitar esses freios e contrapesos entre os poderes foi a formalização de uma

Constituição. Observaremos como as Repúblicas modernas vão ser fundadas e fundamentadas na elaboração de tais documentos normativos e complexos, cujo objetivo consiste em criar parâmetros comuns a respeito das possibilidades e dos limites do poder;

c) Por fim, o ponto crucial para nossa compreensão a respeito da novidade instaurada pela República, em oposição ao regime monárquico, consiste na duração do tempo do governo. Ao contrário do monarca, cujo tempo de governo coincide com a duração de sua vida, o governante republicano possui seu tempo de governo delimitado, ou seja, no regime republicano há alternância do poder.

A princípio, as bases de uma República podem não nos parecer estranhas, afinal já vivemos, há pelo menos um século, familiarizados com um regime desse tipo, uma vez que a instauração da Primeira República brasileira se deu no ano de 1889 e a chamada Nova República começou em 1985. O que, talvez, nos soe como inusitado é o fato de que a primeira ditadura tenha acontecido justamente no interior de um sistema governamental dessa ordem. Ainda mais inquietante é o fato de que a ditadura, em sua origem, consistia em uma estratégia governamental de proteção e salvaguarda desse mesmo sistema republicano.

Para compreendermos essa aparente contradição, é

preciso que nos detenhamos na questão da *finalidade* que possuía a ditadura em seus primórdios. O cientista político Roberto Nonini (2008) nos chama a atenção para os diversos tipos de magistrados que participavam dos espaços políticos da República Romana, de modo a trabalhar pela permanência do regime. Dentre eles, há um tipo específico, que Nonini chama de magistrados extraordinários, ou seja, um tipo de político que deveria ser convocado quando a República se encontrasse ameaçada, diante de uma circunstância excepcional. Nesse sentido, era um tipo de magistratura que deveria ser acionado com pouca frequência. Dentre essas estratégias governamentais de exceção se destacava a ditadura.

Em sua primeira aparição, o termo latino *dictatura* designava tanto um regime governamental quanto os próprios fazeres daquele magistrado romano que se tornava ditador. Uma das possíveis ações desse magistrado consistia em ditar – daí o termo – decretos e cláusulas que passavam, imediatamente e sem mediação de um senado, a ter o valor de lei. Nas horas de maior perigo para o complexo estatal romano, a ditadura era ativada, sendo o ditador investido de poder pelos próprios cônsules, sem a convocação de novas eleições. Além disso, uma vez nomeado um ditador, as garantias dos direitos a favor dos cidadãos tornavam-se provisoriamente suspensas.

Um ponto fundamental que deve ser destacado para a compreensão da ditadura romana é o fato de que tal regime de exceção era de ordem constitucional, ou seja, ele estava previsto legalmente e era limitado por regras bastante precisas. Uma dessas regras era a de que o cônsul que se encontrava no poder jamais poderia se autonomear um ditador, o que preservava a República de um golpe de estado e do risco de ser submetida a um governo tirano ou autoritário. Além disso, como um ditador era sempre nomeado em situações em que um problema flagrante afetava o tecido social, uma vez resolvido o problema, a ditadura poderia ser dissolvida. Em geral, alguns desses motivos eram a condução de uma guerra, crise econômica ou exigência de solução de crises políticas internas.

Uma vez nomeado, o ditador romano possuía vasta margem de ação: os cônsules passavam a ser imediatamente subordinados a ele, assim como o poderio militar passava para o seu controle; seus decretos tinham poder de lei e, de modo diverso do que acontecia no cotidiano republicano, os cidadãos não podiam questionar suas sentenças. No entanto, apesar de ter o poder expandido, é importante que notemos que o ditador, na República Romana, não tinha poder irrestrito. Um dos limites fundamentais da ação do ditador era a interdição de qualquer tipo de mudança na Constituição, ou seja, o ditador não podia fazer qualquer tipo de alteração nos fundamentos do regime republicano. Além disso – e esse é um ponto de extrema importância para nosso retrato conceitual das ditaduras –, a ditadura romana não poderia durar mais do que seis meses. Essa imposição temporal tinha como objetivo, evidentemente, impedir uma guinada autoritária do governo.

Essa rigorosa restrição temporal do período ditatorial tinha consequências evidentes nos modos como o regime de exceção seria conduzido. Antes de mais nada, a própria condução do ditador estava em jogo, uma vez que ele sabia que, após um período de seis meses, a situação republicana seria normalizada. Nesse sentido, seria prudente que seu governo não causasse grandes enfrentamentos internos que gerassem consequências desagradáveis, pois dentro em breve o ditador provisório retomaria seu lugar como mais um dos cidadãos da República. Depois, a delimitação precisa do início e do fim de uma ditadura reafirmavam o caráter constitucional, provisório e institucional que tal modalidade governamental possuía no interior do regime republicano. Nesse sentido, a ditadura se configurava mais como uma estratégia governamental do que forma de governo propriamente dita, conforme aparece na modernidade.

De acordo com o cientista político Mario Stoppino (2008), a ditadura romana como regime de exceção dentro do espaço republicano foi uma estratégia que operou durante aproximadamente três séculos, tendo resultados eficientes diante das crises e adversidades enfrentadas pela República. O autor ainda afirma que a perda da eficácia dessa estratégia política aconteceu a partir de dois momentos. O primeiro deles consiste na participação romana em campanhas e guerras cada vez mais extensas. O segundo momento trata da ativação cada vez mais recorrente do regime ditatorial, por razões que, muitas vezes, nada tinham a ver com a superação de uma crise republicana e que se assemelhavam a golpes de estado.

Mesmo com o declínio da República Romana, sabemos que ambas as formas de governo – a República e a ditadura – seguiram como horizontes das práticas políticas que se sucederiam nos séculos posteriores, tendo sido reativadas com maior afã ao longo da modernidade. Observamos, no entanto, que a única característica que aproxima de fato as ditaduras modernas da romana consiste na imediata concentração e centralização do poder, assim como no seu caráter tornado absoluto. Portanto, antes de analisarmos as especificidades que conformam as ditaduras da Modernidade, é importante que retomemos as principais diferenças entre os regimes ditatoriais, como se configuram em nosso passado recente, daquele tipo que teve sua origem na República Romana.

a) Como vimos, na República Romana, a ditadura aparece pela primeira vez como uma estratégia de enfrentamento diante de uma crise, ou seja, como um regime de exceção à regularidade governamental. O objetivo final de tal excepcionalidade consistia na manutenção e salvaguarda de um governo de ordem republicana;

b) A ditadura romana era limitada temporalmente: um ditador não podia ficar no poder por mais de seis meses. Essa limitação do tempo constrangia o ditador a

ser mais pragmático e ao mesmo tempo ter cautela em relação às suas decisões, limitando decisões que pusessem em risco a manutenção da República;
c) O ditador romano não possuía poder absoluto. A título de exemplo, ele não poderia, sob qualquer hipótese, realizar modificações na Constituição. Assim, por mais que ele dispusesse do poder de ditar e fazer valer novas leis, ele nada poderia, sob hipótese alguma, alterar as bases fundamentais republicanas.

O que fica nítido, portanto, é o modo com o qual as ditaduras, que se observam na modernidade, rearticulam uma série de características presentes na República Romana, tornando a ditadura não mais um recurso ou estratégia governamental, mas sim uma forma de regime autônomo e específico. Observaremos como tais ditaduras modernas tendem, em geral, a não dar continuidade, mas subverter uma ordem política existente. São os casos, por exemplo, das ditaduras que se instauram após momentos de revolução ou que se autointitulam revolucionárias. Justamente por estarem associados a uma ruptura, esses regimes quase nunca serão constitucionais e passarão a produzir mudanças nas Constituições dos territórios em que estarão instalados. Veremos também como ditaduras se sucedem a golpes de Estado, movimentos políticos orquestrados em torno da ideia de que um território enfrenta uma aguda crise política. Mesmo justificando uma intervenção em prol da salvaguarda dos ideais republicanos – como foi o caso do regime militar instaurado no Brasil – observamos que, em suas primeiras decisões, um regime ditatorial tende a abolir os fundamentos que constituem as bases da República. Também será uma característica das ditaduras modernas, em oposição à romana, o fato de que esse poder centralizado usará de todas as medidas possíveis para que não sofra limites jurídicos ou mediações de outros poderes. E, mesmo que muitas das ditaduras modernas se insinuem como provisórias, veremos que se arrastarão por longo tempo, às vezes por décadas a fio.

Se pudéssemos, portanto, realizar uma distinção fundamental entre o que compõe o retrato da ditadura romana e a diferencia dos regimes ditatoriais modernos, poderíamos dizer que, em Roma, a ditadura foi um órgão excepcional e de duração limitada, ao passo que, na modernidade, a ditadura consiste numa forma de governo, muitas vezes sem prazo de duração.

3. AS DITADURAS MODERNAS: ENTRE REVOLUÇÕES, GOLPES DE ESTADO E PROJETOS ANTIDEMOCRÁTICOS

3.1 Ditadura e revolução

Poderíamos dizer que a transformação da ditadura, de uma estratégia governamental para um modo de governo, acompanhou o emergir da Modernidade. Isso porque um dos eventos fundamentais para o acontecimento do giro moderno no Ocidente, a Revolução Francesa (1789), abriu espaço para que se instaurasse, no ano de 1793, um regime político com as características de uma ditadura, mesmo dentro de um governo com contornos republicanos. Observaremos que, nesse episódio, existem algumas semelhanças e muitas diferenças em relação às estratégias ditatoriais daquelas levadas a cabo na República Romana.

Antes de mais nada, é importante pontuar que não é o nosso objetivo realizar uma análise das particularidades do período revolucionário francês; afinal, estamos em busca de constituir um retrato que nos ofereça uma compreensão das ditaduras modernas. Assim, faremos um breve sobrevoo pelo governo republicano e revolucionário instaurado a partir da formação da Convenção Nacional, em 1792, de modo a localizar a relação de tal período com a formalização de um regime com características ditatoriais.

A Convenção, além de demarcar a fundação da Primeira República Francesa, teve seus membros políticos eleitos a partir da prática do sufrágio universal masculino, acontecimento inédito à época. Como em todo regime republicano, a primeira tarefa desse governo foi a elaboração de uma nova Constituição que projetasse os ideais revolucionários na formação da nova nação francesa.

Foram, aliás, nas assembleias da Convenção que se estruturaram as modernas compreensões das ideologias políticas – direita, esquerda e centro. Isso se deve a uma distribuição espacial no interior dos espaços de assembleia: os girondinos – grupo formado, em geral, pela burguesia conservadora, que objetivava frear os impulsos revolucionários que caminhavam em direção a uma sociedade mais igualitária – ocupavam os bancos inferiores do salão. Do lado oposto a esse grupo, sentavam-se os jacobinos. Esse grupo almejava a radicalização do processo revolucionário e que os direitos da população mais pobre fossem expandidos, de modo a inserir essa camada do povo na tríade igualdade-fraternidade-liberdade revolucionária. Havia mais um grupo, chamado de planície, composto por deputados que alternavam seu voto em relação às propostas conservadoras e progressistas.

Foi no espaço dos debates da Convenção, em plena aurora da República Francesa, que se deu uma radicalização das posições que ali tomavam assento. Essas posições discordavam em relação aos rumos do projeto revolucionário em curso. Se no momento em que foi instaurada, a Convenção era dirigida por uma maioria de girondinos, ao longo dos intensos acontecimentos da primeira parte da década de 1790, foram os jacobinos que se tornaram a presença mais forte. A força da posição jacobina se tornou nítida com a decisão da decapitação do rei em 1793, evento condenado por boa parte dos girondinos.

Devemos atentar para as consequências históricas da aplicação da pena de morte à figura do rei na época da revolução. Se a destituição do monarca já havia causado um grande impacto e ameaça às monarquias absolutistas que seguiam em curso na Europa, sua condenação e decapitação apareciam como atitudes que deveriam sofrer respostas imediatas por parte dos monarcas dos outros países. A mobilização contra o processo revolucionário francês teve na Inglaterra uma importante liderança, apoiada pelos monarcas da Espanha, da Prússia e da Áustria.

O risco de perda da estabilidade política e as ameaças de represália dos países vizinhos mobilizaram os jacobinos a tomar o poder da Convenção. O regime instaurado a partir daí passou a ter características verticais e inflexíveis: girondinos foram perseguidos e presos e se instauraram diversos novos comitês na Convenção, sendo que alguns deles tinham como objetivo conter revoltas internas que colocassem em risco o prosseguimento do projeto revolucionário, como passava a ser encaminhado pelos políticos jacobinos.

O episódio ocorrido em 1793, mencionado anteriormente e que teria instaurado um regime governamental com características de uma ditadura, foi a proclamação do período do Terror. Um decreto emitido por Robespierre indicava que o governo provisório da França seria revolucionário até que se instaurasse a paz. Por meio desse anúncio, compreendia-se que o grupo que estivesse no poder da Convenção poderia usar de qualquer tipo de estratégia para obter seus objetivos. A partir de então e da s atividades do Comitê de Segurança Geral, que continha revoltas internas, e do Tribunal Revolucionário, que julgava os traidores da revolução e os guilhotinavam em praça pública, o grupo que geria a Convenção passava a possuir muito mais contornos de um regime ditatorial do que republicano.

O escritor George Büchner, em sua peça de teatro *A morte de Danton* (1835), retrata os debates que permeavam a Convenção e diversas das execuções realizadas ao longo do período do Terror revolucionário. Numa cena clássica da obra, a Convenção debate a respeito dos rumos da revolução. O problema em tela é o seguinte: deve o governo revolucionário se conter em relação à concentração do poder e extermínio de seus opositores? Saint-Just, um dos líderes jacobinos, toma a palavra e diz:

> SAINT-JUST – Parece que há nessa assembleia alguns ouvidos sensíveis que não conseguem suportar bem a palavra sangue. Algumas considerações gerais talvez possam

convencê-los de que não somos mais cruéis do que a natureza e o tempo. A natureza segue tranquila e irresistível as suas leis, o homem é aniquilado quando entra em conflito com elas. (...) Pergunto agora: deve a natureza moral ter mais consideração em suas revoluções do que a natureza física? Não deve uma ideia, tanto quanto uma lei da física, destruir aquilo que se lhe opõe? O espírito do universo serve-se, na esfera espiritual, de nossos braços, assim como se serve, na esfera física, dos vulcões e das inundações. Que importa morrer por obra de uma epidemia ou da Revolução? Os passos da humanidade são lentos, só é possível contá-los por séculos, atrás de cada um deles erguem-se túmulos de gerações. A conquista dos mais simples inventos e princípios custou milhões de vidas que pereceram no caminho. Não é, pois, evidente que, em um tempo quando a marcha da História é mais rápida, um número maior perca a respiração? (...) A Revolução é como as filhas de Pélias: despedaça a humanidade para rejuvenescê-la. A humanidade há de se erguer com membros titânicos desse caldeirão de sangue como a terra se ergueu das ondas do Dilúvio, tal como se tivesse sido criada pela primeira vez. (*Aplausos prolongados. Alguns membros da Convenção se levantam entusiasmados.*) (GUINSBURG; KOUDELA, 2004, p. 126).

Por mais que a peça de Büchner seja uma ficção escrita a partir do episódio histórico e a fala de Saint-Just esteja repleta de metáforas de efeito poético e artístico, a linha argumentativa do raciocínio dessa personagem traduz pontos importantes a respeito da centralização do poder ocorrida, a partir de 1793, na França. Os argumentos que compõem a hábil retórica de Saint-Just consolidam a principal justificativa da inclinação ditatorial que passava a ter o governo provisório revolucionário. Aliás, podemos flagrar aí uma das características e justificativas que, em oposição à República Romana, acompanham algumas das mais importantes ditaduras da modernidade: a manutenção de um regime revolucionário, custe o que custar. É justificando a importância de se levar a cabo um projeto de governo, cujo objetivo é se contrapor a um risco político apresentado como um inimigo – no caso da França revolucionária, o inimigo estava encarnado nos conservadores, ao passo que, ao longo das ditaduras burguesas e liberais do século XX, muitas vezes o inimigo será localizado no projeto comunista – que medidas de contenção, perseguição e extermínio serão legitimadas.

O período de poder concentrado entre os jacobinos resultou em duas grandes consequências. Por um lado, o processo inflacionário da economia passou a ser minimamente controlado, o ensino público gratuito foi instaurado e, como política externa, o fim da escravidão colonial foi incentivado, o que contribuiu para a disseminação do movimento emancipatório nas colônias francesas na América. Ao mesmo tempo, a pressão externa, a onda de perseguições e assassinatos internos e a instabilidade econômica não somente enfraqueceram os jacobinos e os levaram a perder o poder diante de um golpe político burguês, como, quando ainda estavam no poder, desorientaram-se a ponto de levarem à guilhotina alguns dos seus mais proeminentes políticos e aliados.

O que devemos notar a partir da experiência do Terror é que ali se passou a compreender uma nova tipologia de ditadura, que seria aquela de caráter revolucionário. Como veremos, ao longo do século XX, a relação entre as palavras ditadura e revolução passa a estar vinculada com maior recorrência, como acontece no caso russo, chinês, cubano, dentre outros. Nesse tipo de ditadura, ao contrário da romana, o que está em jogo não é armar um regime de exceção para preservar um modo como o governo e a Constituição vinham sendo praticados até então. Ao contrário, o objetivo de uma ditadura revolucionária será a fundação de um novo regime e conjunto de leis, de modo a se manter vigilante para que as formas políticas precedentes não tenham oportunidade de reassumir o poder perdido. Ponto comum entre tais ditaduras é o fato de que elas se apresentam, ao menos em seu princípio, como governos provisórios, que têm como objetivo preparar o caminho para uma sociedade mais justa e igualitária.

3.2 Ditadura, democracia e autoritarismo

Se a ditadura romana e, muitas vezes, as ditaduras revolucionárias tinham, ao menos em seu princípio, uma aparente conotação positiva, o mesmo não podemos afirmar da imagem com que os regimes ditatoriais na modernidade são retratados. Isso porque a ameaça ditatorial no contemporâneo acaba sendo também uma afronta aos princípios que regulam a vida democrática. Afinal, basta lembrarmos que, ao longo da instauração de regimes republicanos ao redor do globo entre os séculos XVIII e XX, muitas dessas formas de governo, paulatinamente, fundamentaram suas Constituições em acordo com os princípios da democracia.

Idealmente e de modo um tanto genérico, um regime democrático deveria levar em conta uma série de princípios, como: a) o fato de que o poder não pode estar concentrado nas mãos de um indivíduo ou grupo, uma vez que regimes democráticos são incompatíveis com o autoritarismo e o totalitarismo; b) na democracia, o governo deve ser exercido debaixo para cima, ou seja, é em prol da defesa dos direitos dos cidadãos – independentemente de sua posição social e de sua classe –, que o corpo político deve governar; c) o poder deve circular de tempos em tempos, ou seja, eleições são convocadas para que o corpo político se renove regularmente; d) numa democracia, os cidadãos devem contar com três direitos fundamentais: a liberdade de expressão, o acesso irrestrito a diversas fontes de informação e a liberdade de se organizar em grupos, partidos, movimentos etc.

É em contraste a esses princípios e ideais democráticos que poderemos observar com maior nitidez as características das ditaduras modernas. Parte da conotação negativa proveniente de tais regimes se deve ao fato de, na maior parte das vezes, não encontramos a participação da população na política: uma vez que o poder está concentrado nas mãos de um indivíduo (o ditador) ou de um grupo (como, por exemplo, uma junta militar), e esse poder passa a ser exercido de cima para baixo, de modo autoritário, sem mediação ou consulta prévia. Além disso, serão características recorrentes das ditaduras a presença da censura e da restrição à informação, assim como o impedimento de criação de organizações civis, a perseguição a figuras contrárias ao regime e a criação de redes de informação e segurança que controlam rigidamente a vida dos civis.

Resultam dessas características o fato de que, atualmente, a expressão "governo autoritário" é muitas vezes mobilizada quando se quer indicar uma forma de governo avessa aos princípios que fundamentam a cartilha democrática. Há ainda uma confusão que volta e meia aparece na designação das formas de governo: um governo autoritário é geralmente designado como um governo ditatorial. Entretanto, algumas correntes de pensamento, como a apresentada pelo sociólogo brasileiro Florestan Fernandes, em seu conjunto de aulas compiladas no livro *Apontamentos sobre a "Teoria do Autoritarismo"* (2019), relativizam essa compreensão tanto dos regimes democráticos quanto dos autoritários e ditatoriais na modernidade. Um dos pontos mais importantes da crítica estabelecida é o diagnóstico da presença de muitos dos elementos atribuídos aos regimes autoritários em regimes democráticos, como práticas de censura, ausência de participação popular na política e perseguição política a movimentos sociais contrários às correntes que se encontram no poder.

Florestan Fernandes, refletindo a partir de seu lugar como intelectual marxista ao longo do regime ditatorial militar brasileiro, indica que há um problema grave quando elegemos as democracias liberais capitalistas da modernidade como um exemplo a ser seguido em detrimento de tentativas outras de sistema social (mais especificamente Florestan indica as alternativas socialistas e comunistas) que se valem de governos provisoriamente autoritários para a sustentação de seu poder. Para Florestan, as democracias modernas, justamente por estarem sedimentadas nos princípios econômicos do capitalismo e do liberalismo, também possuem o elemento autoritário como parte intrínseca de seu *modus operandi*. Assim, por mais que exista, idealmente, uma definição de democracia que leve em conta a incongruência de tal regime com o autoritarismo, para o sociólogo, as experiências concretas de governabilidade moderna evidenciariam, em oposição à teoria, uma aliança entre democracia e autoritarismo:

> A democracia típica da sociedade capitalista é uma *democracia burguesa*, ou seja, uma democracia na qual a representação se faz tendo como base o regime eleitoral, os partidos, o parlamentarismo e o Estado constitucional. A ela é inerente forte desigualdade econômica, social e

cultural com uma alta monopolização do poder pelas classes possuidoras-dominantes e por suas elites. A liberdade e a igualdade são meramente formais, o que exige, *na teoria e na prática*, que o elemento autoritário seja intrinsecamente um componente estrutural e dinâmico de preservação, do fortalecimento e da expansão do "sistema democrático capitalista" (2019, p. 45. Grifo do autor).

Florestan lecionou esse conjunto de aulas na segunda metade do século XX. Isso significa que o sociólogo tinha em vista, ao compor o percurso de suas aulas: a) as experiências de governos socialistas que se instauraram ao redor do globo tanto na primeira como na segunda metade do século; b) os governos ditatoriais europeus da primeira metade do século, em especial a experiência dos estados fascistas, que investiram em práticas governamentais totalitárias; c) o pós-Segunda Guerra e as consequências da Guerra Fria, que instauraram uma cisão entre estados capitalistas e socialistas, tendo como forças principais, de um lado, a democracia imperialista e capitalista estadunidense e, de outro, os regimes autoritários e totalitários do socialismo soviético; d) a política levada a cabo pelos Estados Unidos de controlar levantes comunistas na América do Sul por meio do fomento a golpes militares (Florestan Fernandes chamou tal iniciativa de contrarrevolução preventiva, uma vez que se tratava de impedir o avanço de projetos socialistas no interior desses países).

Desse modo, e de acordo com o pensamento do sociólogo brasileiro, a Guerra Fria, por meio da sua disputa entre regimes capitalistas e socialistas, teria contribuído para que se instaurasse, em países capitalistas e na América do Sul, uma equiparação entre regimes autoritários de transição socialista e os estados totalitários e ditatoriais fascistas. Além disso, a vinculação entre autoritarismo e comunismo teria contribuído justamente para o avanço das ditaduras latino-americanas, assim como legitimado o estado burguês capitalista em quase toda a América. A consequência de tal movimento situado na segunda metade do século XX, de acordo com Florestan, seria responsável por instaurar outro tipo de ditadura dentro dos estados ditos democráticos:

O chamado Estado democrático tanto foi visto como a forma política mais completa da realização da liberdade do indivíduo, de autonomia dos grupos e instituições sociais, de não regulamentação da economia, da religião e da vida social, de separação, independência e equilíbrio dos poderes quanto como a forma política mais avançada e refinada de ditadura de classe (2019, p. 70).

Podemos ver, a partir da citação do sociólogo, que o termo ditadura é mobilizado a partir de outra concepção, que foge à lógica abordada por nós até o momento, especialmente em nosso intuito de retratar o termo a partir de sua identificação com determinado tipo de governo. Nesse sentido, o sociólogo aproxima-se da teoria marxista que antevia que uma das etapas de transição, do capitalismo em direção ao regime comunista, seria a instauração de uma ditadura do proletariado. Nessa ditadura do proletariado, entendida como provisória e fundamentada no conceito de luta de classes, haveria a centralização do poder nas mãos dos trabalhadores como forma de se alcançar de modo mais vertical a igualdade entre os cidadãos. A ditadura de classe torna-se, portanto, outro modo de enquadrar a disputa interna e econômica de forças políticas presentes em qualquer tipo de estado que apresente desigualdades sociais evidentes. Afinal, do mesmo modo que haveria uma ditadura do proletariado, Florestan identifica que, na democracia liberal burguesa, o que se observa não são os princípios ideais democráticos, mas a centralização do poder em determinada classe política, com aparências de um governo não autoritário. Como demonstra seu trabalho, a ideia de flagrar elementos ditatoriais e autoritários no interior dos regimes democráticos pode nos ajudar a problematizar ainda mais as características que conformam e dão nitidez às práticas ditatoriais, assim como escapar da fácil designação de ditadura como todo regime que não se valha dos pressupostos democráticos.

Esse breve desvio em direção às relações entre ditadura e democracia nos serviu para nosso próximo passo, que consiste em pontuar, brevemente e de modo didático, três características comuns aos regimes ditatoriais situados na modernidade. De acordo com o Dicionário de Política (STOPPINO, 2008), são elas:

1) a concentração e o caráter ilimitado do poder do ditador ou do grupo que detém o poder

Como já explicitamos algumas vezes ao longo deste livro, a principal característica dos regimes ditatoriais modernos consiste na qualidade específica do poder em questão: ele é concentrado, ilimitado e centralizado em torno de um ditador ou de um grupo que governa. Independentemente de estar localizado nas mãos de um ditador ou de uma oligarquia, o governo ditatorial não é refreado pela legislação. Ao contrário, está acima da lei e as promulga conforme suas próprias necessidades. Nos casos em que uma ditadura se defronta com leis que tentam limitar seu poder, ela pode subverter ou alterar as bases de tais impedimentos, uma vez que detém o poder de legislar. Com essa alta concentração de poder, tanto os rumos, quanto o tempo de duração desse tipo de regime acabam se tornando imprevisíveis. Como bem nos lembra Stoppino, em ditaduras mais moderadas veremos aparecer alguns limites de uso do poder concretos e legais, que passam a ser aceitos pelos ditadores. Tais limites acabam criando alguma constância e previsibilidade para o futuro do regime em questão.

2) a entrada de largos estratos da população na política e o princípio da soberania popular

Mesmo lidando com a centralização do poder nas mãos de poucos, há uma aparente contradição no interior de um regime ditatorial, conforme se dá na modernidade:

> O ambiente mais típico dos regimes ditatoriais é o de uma sociedade abalada por uma profunda transformação econômica e social, a qual ativa o interesse e a participação política de faixas cada vez maiores da população e faz emergir o princípio da soberania popular. Não foi por acaso que os contextos históricos, nos quais o Governo ditatorial teve maior difusão, foram o das cidades gregas dos séculos VII-VI a.C. e o da época contemporânea, a partir da Revolução Francesa. O primeiro período marca a passagem nas cidades gregas, da estrutura tradicional da sociedade com base agrícola e oligárquica, a uma estrutura nova com base mercantil e artesanal, igualitária e democrática. O segundo período é o do processo consequente à industrialização, que destrói a velha sociedade agrícola e aristocrática, amplia as bases de mobilização social e política e faz ver imperiosamente no povo o fundamento principal da justificação do Governo (mesmo se o povo vier a transformar-se em proletariado, nação ou raça). Neste quadro e com referência ao mundo contemporâneo, a Ditadura pode surgir, em primeiro lugar, numa sociedade com um alto grau de modernização econômica e social e de intensa mobilização política (STOPPINO, 2008, p. 377).

O excerto nos chama a atenção para o fato de que uma ditadura só consegue se realizar e, sobretudo, durar, quando a população está mobilizada em relação à sua permanência. Não existe ditadura sem apoio popular. Não à toa, regimes ditatoriais irão investir muito de sua energia na manutenção de agências de propaganda, no intuito de produzir todo um imaginário social, a partir da divulgação dos feitos e da boa imagem do governo.

3) a não evidência das regras de sucessão no poder.

O terceiro ponto se fundamenta na contradição dos elementos que formam a lógica ditatorial. Se, como vimos, uma ditadura, para ser legitimada socialmente, deve fazer emergir o princípio da soberania popular, ela também lida com a centralização do poder nas mãos de um indivíduo ou grupo:

> Assistimos então a uma espécie de democracia subvertida, onde o povo é forçado a manifestar uma completa adesão à orientação política do ditador, a fim de que este possa proclamar que sua ação se apoia na vontade popular. Todas estas técnicas, porém, não conferem à Ditadura a legitimidade democrática, porque não podem eliminar o fato crucial de que a autoridade política é transmitida do alto para baixo, e não vice-versa (STOPPINO, p. 378, 2008).

É a coexistência entre duas características contraditórias (apoio popular e centralização radical do poder) que possibilita que as regras de sucessão do poder no interior das ditaduras sejam precárias. Isso porque, para a manutenção da ditadura e da sucessão da concentração do poder, o regime deve contar com um ditador legítimo e carismático e/ou com um partido político que reverbere os interesses de uma parcela mínima da sociedade. A inexistência de alguma dessas duas forças pode colocar a própria ditadura em xeque, uma vez que colocará em evidência as regras de sucessão no poder. Ou seja, um regime ditatorial vai funcionar sempre que a questão da sucessão não estiver no centro do debate.

4. AS DITADURAS BRASILEIRAS

Em 2019, o Brasil completou 130 anos de vivência republicana, sendo que quase 30 deles transcorreram em regimes ditatoriais. Como veremos, as tentativas de instauração de um governo republicano e com balizas democráticas no país enfrentaram, ontem e hoje, diversas adversidades para se consolidar entre nós.

Dois foram os momentos de ditadura no Brasil ao longo do século XX: o período chamado Estado Novo (1937-1945), que teve como seu protagonista político Getúlio Vargas, e o Regime Militar (1964-1985) que teve, ao longo de sua duração, a alternância no poder entre cinco presidentes, todos vinculados às Forças Armadas. Independentemente de suas particularidades, em ambos os períodos podemos flagrar as características gerais que formalizam uma ditadura: centralização e concentração de poder, intensificação da repressão de opositores políticos e a formação de toda uma rede de propaganda e censura, cujo objetivo consiste em legitimar o regime aos olhos da população. Além disso, tanto Vargas quanto os militares instauraram seus regimes autoritários por meio de golpes de

Estado, legitimando formas de governo que, ao menos em seu princípio, eram inconstitucionais.

A seguir, buscaremos explorar as especificidades de cada um desses regimes, tentando responder a algumas questões. Em primeiro lugar, apresentaremos quais foram os contextos políticos que precederam e abriram espaço para a instalação desses regimes ditatoriais ao longo do século XX. Depois, uma vez que ambos os regimes deixaram marcas que aparecem entre nós até os dias de hoje, avaliaremos as principais consequências desses governos para a vida da população e para a história do país. Por fim, analisaremos algumas das causas para o declínio e interrupção das ditaduras em questão.

O Estado Novo de Getúlio Vargas (1937-1945): uma ditadura em meio à guerra

a) Antecedentes do Estado Novo: anticomunismo e ascensão de governos autoritários ao redor do globo

De modo diverso do que aconteceria no Regime Militar, onde a alternância de poder se deu entre cinco presidentes, sendo que alguns deles eram desconhecidos pela maior parte da população até o dia de sua posse, a característica mais marcante do que se convencionou chamar Estado Novo foi a existência de um único líder político forte e carismático: Getúlio Vargas, o grande ditador brasileiro, em alusão ao título do filme de Chaplin. É impressionante constatar, hoje, o fato de que Vargas governou o Brasil ao longo do intervalo que compreende o ano de 1930 até o de 1945, tendo voltado a ser presidente eleito democraticamente no breve intervalo entre 1951 e 1954. Ao todo, Vargas passou 18 anos e meio no poder.

Existem abordagens historiográficas e sociológicas que consideram que toda a Era Vargas, período que abrange mais especificamente o intervalo entre 1930 e 1945, consistiu numa ditadura atravessada por um breve período constitucional (1934-1937), ao passo que outras abordagens consideram que a instalação de um regime ditatorial aconteceu com mais intensidade no período do Estado Novo (1937-1945). Independentemente da leitura adotada, é evidente que a manutenção da permanência de Vargas no poder ao longo de todos esses anos não foi nada pacífica, tendo implicado em decisões políticas radicais, que vão desde dois golpes de Estado até seu suicídio no Palácio do Catete, em agosto de 1954, fruto de uma crise que indicava a impossibilidade de prosseguimento de sua governabilidade.

A ascensão meteórica da carreira política de Getúlio coincide com o que se convencionou denominar como Revolução de 30. Essa revolução consistiu, na verdade, num golpe de Estado que depôs o então presidente do Brasil Washington Luís e impediu que Júlio Prestes, presidente eleito para assumir o cargo, tomasse posse. Esse evento passou a ser considerado por muitos historiadores como o marco do fim da República Velha (ou Primeira República) e o início do que, futuramente, se passou a chamar Era Vargas (1930-1945).

Após a deposição de Washington Luís, Vargas assumiu o poder executivo ainda dentro de um governo provisório, cuja primeira medida governamental foi a de dissolver o Congresso Nacional, assim como as Assembleias Legislativas estaduais e as municipais. Ainda, todos os políticos eleitos pela Primeira República perderam seus cargos, os então presidentes dos Estados perderam seus mandatos, sendo substituídos por interventores, e a imprensa de oposição passou a ser duramente censurada. Ao longo desse governo, que tinha um caráter provisório, Vargas não demonstrava grandes interesses em convocar uma Assembleia Constituinte, com o fim de elaborar uma nova Constituição, muito menos em definir uma data para uma nova eleição presidencial. Esse governo provisório golpista, como podemos observar, já possuía os delineamentos que aparecem em nossa atual compreensão a respeito das formas de ditadura na modernidade.

Entretanto, no período entre 1934 e 1937, o governo de Vargas passou por um período constitucional. Uma nova Constituição, elaborada e publicada em 1934, teria desagradado o então presidente, pois eliminava as condições de mando que vinha exercendo até ali. Dentre vários pontos, a redação dessa Constituição submetia o poder Executivo ao Legislativo, assim como acabava com os decretos que permitiam com que Vargas pudesse não ser mediado pelo Congresso na elaboração e promulgação de leis. A Constituição de 34 trazia, ainda, uma grande novidade: limitava o mandato presidencial a quatro anos, anulando possibilidades de reeleição.

Em sua análise da Constituição de 34, as historiadoras Lilia Schwarcz e Heloisa Starling (2018), diagnosticam os avanços presentes na redação do texto, assim como fazem ressalvas em relação a algumas garantias ali contidas, que davam abertura para que o país enveredasse por um caminho bastante autoritário:

> A nova Constituição refletia os esforços modernizadores e democratizantes dos deputados — a racionalização da autoridade, a manutenção do federalismo, o reforço para o desenvolvimento das instituições políticas, a inclusão de novos setores sociais por meio de um processo eleitoral mais alargado. Mas ela também expunha os limites dessa mesma República, que continuavam em vigência após 1930: conservou inalterada a estrutura agrária do país e manteve o trabalhador rural fora da legislação protetora do trabalho. Os analfabetos continuavam excluídos do processo eleitoral e os imigrantes foram submetidos a uma política restritiva em suas garantias individuais, que permitia ao Estado expulsar estrangeiros considerados politica-

mente perigosos à ordem pública ou aos interesses nacionais. O texto constitucional também assegurava ao Executivo o uso de um instrumento coercitivo que trazia embutida a concessão de plenos poderes — o estado de sítio —, além de permitir a adoção da censura para todo tipo de publicação. Mesmo assim, essa era uma Constituição inovadora, que ampliava as condições para o exercício da cidadania. Mas ela durou menos de dois anos. No Brasil, como em toda parte do mundo, enquanto avançavam os anos 1930, a atmosfera tornava-se cada vez mais pesada. Uma mudança radical estava em andamento, alterando a ordem das prioridades e indicando que a democracia não estava mais no topo da lista das preferências políticas (p. 367).

Ao mencionar uma mudança radical na atmosfera do mudo, as historiadoras nos chamam a atenção para o contexto global no qual o governo Vargas estava inserido. Enquanto o governo provisório golpista da década de 30 ia se tornando constitucional no Brasil, na Europa se observava a armação das bases tanto das forças que entrariam em oposição na Segunda Guerra Mundial (1939-1945) quanto das experiências ditatoriais mais totalitárias que a história haveria de testemunhar:

O que fez proliferar os ditadores não foi somente uma permanente sensação de crise profunda que paralisava governos desde a quebra da Bolsa de Nova York, em 1929, e parecia sugerir que a suposta agonia do capitalismo só poderia ser resolvida pelo intervencionismo do Estado. As nuvens eram mais escuras e carregadas. Em 30 de janeiro de 1933, o presidente alemão Hindenburg nomeou Hitler chanceler e a barbárie vestiu o hábito da modernidade: o partido nazista chegou ao poder e, com ele, a intolerância à oposição, o culto ao militarismo e à guerra, a submissão da sociedade à racionalidade administrativa e a disposição para a política do genocídio. Em 27 de fevereiro, o Reichstag — o Parlamento alemão — estava em chamas, enterrando, no incêndio, as esperanças de um futuro democrático na Alemanha. A terrificante novidade totalitária — o nazismo alemão, o stalinismo soviético — e as formas características do fascismo, sobretudo o italiano, emergiram numa Europa atravessada por guerras civis, pela desagregação dos velhos impérios autocráticos e pela crise econômica (SCHWARCZ; STARLING, 2018, p. 367).

No Brasil, podemos dizer, de modo bastante geral, que as forças fascistas e comunistas que disputavam o cenário político na Europa encontraram lugar, ao longo da década de 1930, em duas grandes organizações: a Aliança Nacional Libertadora (ANL), que contava com o apoio do Partido Comunista Brasileiro (PCB) e a Ação Integralista Brasileira (AIB), movimento bastante influenciado pelo fascismo italiano.

Se a ANL consistia numa frente de esquerda, inspirada pelos acontecimentos da Revolução Russa e de perspectiva anti-imperialista e socialista, a AIB, por sua vez, era um movimento conservador, ultranacionalista e de extrema-direita. Assim, podemos considerar que ambos os movimentos configuravam, no Brasil, os conflitos entre grupos fascistas e socialistas que ocorriam em outras regiões do planeta. Situarmo-nos diante da existência dessas duas organizações nos ajudam a compreender sob que circunstâncias Getúlio Vargas encontrou um contexto propício para realizar o seu segundo golpe de Estado. Essa investida política deflagraria o início de uma ditadura de oito anos: o Estado Novo.

No ano de 1937, Vargas já governava o país havia sete anos, entre governos de exceção e constitucionais. Existia, na época, uma grande expectativa no país em relação às eleições que seriam realizadas logo no começo de 1938. Entretanto, Vargas não tinha pretensões de abandonar o governo.

A ANL, desde sua origem, realizava comícios que se posicionavam diretamente contra a política varguista, acusando o governo de ser subserviente à política imperialista, assim como de flertar explicitamente com os regimes fascistas que se solidificavam na Europa. Em vez de incomodar Vargas, esse tipo de discurso radicalizado começou a lhe parecer uma boa ocasião para organizar uma represália às reuniões da ANL, assim como, por meio da identificação desse inimigo político, investir na produção de uma rede de propaganda, de modo a ativar o imaginário coletivo em relação a uma possível virada autoritária comunista no país.

Essa crise se tornou mais aguda no ano de 1935. Com a coibição das reuniões da ANL na capital, o movimento ganhou força no interior do país. Em novembro desse ano, estourou em Natal (RN) um levante de membros da ANL. A empreitada insurrecional foi tão bem-sucedida que a cidade toda permaneceu tomada ao longo de quatro dias, contando com apoio popular. A ocasião animou outros membros da organização e fez com que levantes acontecessem também em outras cidades do país. Entretanto, na mesma velocidade com que o movimento foi iniciado, o governo se moveu e reprimiu não apenas os levantes, como desarticulou importantes lideranças da ANL. Negativamente, o episódio foi denominado pejorativamente como Intentona Comunista e serviu como plataforma para a radicalização das ações persecutórias do governo Vargas, assim como para a delimitação de um novo inimigo nacional: o comunismo. Em novembro, durante os levantes, Vargas pressionou o Congresso e conseguiu instaurar um estado de sítio. Antes do final do ano, o governo já havia criado a Comissão de Repressão ao Comunismo, o que levou a uma ação em larga escala de detenção de membros da ANL, comunistas, simpatizantes ou cidadãos suspeitos de subversão da ordem. Já estava em andamento a composição do cenário que permitiria a Getúlio dar seu segundo golpe contra as frágeis bases democráticas do país:

Com a ANL fechada e os comunistas na cadeia, Vargas liquidou as forças de oposição situadas à esquerda do seu governo; cioso do poder, a ele só faltava livrar-se do curto experimento democrático, inaugurado com a Constituição de 1934. Em 1937, às vésperas das eleições que deveriam escolher o novo presidente da República, empurrou o Brasil para mais oito anos de ditadura e quase não enfrentou reações. Para que isso acontecesse, foi indispensável muito cálculo político, uma boa dose de sangue-frio e uma notável capacidade de, com frequência, recuar um passo para avançar dois (SCHWARCZ; STARLING, 2018, p. 373).

A estratégia golpista de Vargas envolveu ainda uma aliança com generais do Exército. Alguns dos militares, inclusive muitos deles simpáticos aos ideais integralistas, pleiteavam uma maior proximidade do governo, no intuito de modernizar a instituição. O respaldo militar e o trabalho de convencimento da opinião pública, de que o comunismo era a mais perigosa ameaça à civilização cristã que poderia existir, abriram caminho para o golpe.

Muito provavelmente o episódio que consumou o início da ditadura de 1937, o Estado Novo, foi a divulgação do famigerado Plano Cohen. Em setembro de 1937, foi publicada pela imprensa a denúncia de um programa secreto comunista de tomada do poder no Brasil. Tal plano teria sido definido pelas bases soviéticas e consistia em tomar as cidades do país, valendo-se de saques, fuzilamentos de civis e incêndios. O documento, no entanto, era falso e havia sido composto por um coronel integralista, participante ativo da AIB. Os generais próximos a Vargas propositadamente receberam o documento como verdadeiro e exigiram que o presidente tomasse alguma atitude radical. Vargas, diante da oportunidade única, tornou o documento público, o que fez com que a imprensa divulgasse o perigo de uma suposta dominação comunista, causando alvoroço na população.

No mesmo ano, em novembro, Vargas dissolveu o Congresso Nacional, como já havia feito em 1930, justificando que, com isso, salvava o país da ameaça socialista. Uma nova Constituição foi rapidamente assinada e àquilo que era assumidamente um golpe de Estado, Vargas batizou de Estado Novo.

b) O líder carismático e as reformas populistas

O Estado Novo, ou a Terceira República brasileira, tinha como seu centro de sustentação a própria figura de Getúlio Vargas. Aos poucos, o político se tornava uma espécie de mito, produzindo um imaginário em torno de si mesmo que o faria entrar para a história como um dos maiores estadistas nacionais. Outro fato importante a se notar em relação à sua carreira política é que, mesmo tendo o respaldo das Forças Armadas, Vargas seria o único ditador brasileiro civil, ou seja, sem qualquer patente militar. Não podemos esquecer também que Vargas se valeu, em seu governo antes, durante e pós-Estado Novo, de uma estratégia governamental populista: com o passar dos anos, houve uma intensa expansão dos direitos sociais da população que foi fundamental para a manutenção do poder nas mãos do ditador. Como vimos, o sentimento de soberania popular é imprescindível para a permanência do regime ditatorial.

Também uma nova Constituição, promulgada em 1937, apresentava algumas bases pretensamente democráticas. O que se via, no fim, era que o documento instaurava uma ditadura justificada constitucionalmente.

O nome do período cunhado por Vargas explicitava sua simpatia com as iniciativas fascistas europeias: a ditadura salazarista, iniciada em 1932 em Portugal, tinha o nome de Estado Novo. Além disso, algumas das bases dessas ditaduras orientaram as formas do regime brasileiro e se tornavam visíveis na Constituição de 1937, como a centralização de poder no Executivo, focalizado na figura de uma liderança única e carismática, a suspensão de críticas ao regime e a aposta num desenvolvimento técnico das forças produtivas, assim como uma política de colaboração entre patrões e empregados tutelada pelo Estado, tutela essa que se estendia à organização sindical.

Mesmo assim, o Estado Novo não pode ser considerado um regime fascista, ao menos não segundo os moldes europeus. A natureza do regime ditatorial varguista flertava com essas experiências, mas nunca chegou a radicalizar suas bases em direção a um estado totalitário. O

Estado Novo teve, como princípio, uma forma de governo autoritária, focada na modernização e no pragmatismo político. A viabilidade de um regime autoritário no Brasil do final da década de 1930 dependia da capacidade do líder do Executivo de, ao mesmo tempo em que impedia a participação concreta dos cidadãos na política, ampliar suas bases de sustentação e adesão. Tratava-se, portanto, de um trabalho de mediação e que exigia tanto um aparato político executivo forte e vertical, como também cuidados para a manutenção da aprovação social, valendo-se sempre de táticas de resolução dos possíveis conflitos que aparecessem ao longo do caminho. E Vargas possuía essa capacidade de gestão governamental mediadora, carismática e autoritária.

Desde 1930, Vargas havia iniciado um programa radical de reformas. Algumas das medidas desse programa foram a criação dos ministérios do Trabalho, Indústria e Comércio e da Educação e Saúde Pública, assim como a instauração de uma reforma do ensino e da educação pública.

Entretanto, a ponta de lança do governo Vargas foi a sua atenção à política trabalhista. Sua política foi dividida em duas etapas: uma concernente à proteção do trabalhador (instituição da jornada de oito horas, da carteira de trabalho e do direito à aposentadoria e a regulação do trabalho da mulher e do menor de idade); a outra, na contramão, consistia em impedir que os trabalhadores se organizassem fora da tutela do Estado. Essa segunda medida tornou-se mais visível em suas políticas de liquidação do sindicalismo autônomo: Vargas passou a enquadrar os sindicatos como órgãos de colaboração do Estado, restringindo radicalmente sua autonomia e possibilidade de disputa política.

O cientista político e historiador brasileiro José Murilo de Carvalho, em seu estudo a respeito das configurações históricas da cidadania no Brasil, apresenta o período varguista, mais particularmente o Estado Novo, como um momento de intensa expansão dos direitos civis da população. Entretanto, o pesquisador nos chama a atenção para a contradição existente na realização de um alargamento da perspectiva cidadã no interior de um período marcado por um regime ditatorial e autoritário:

> Ao lado do grande avanço que a legislação [trabalhista] significava, havia também aspectos negativos. O sistema excluía categorias importantes de trabalhadores. No meio urbano, ficavam de fora todos os autônomos e todos os trabalhadores (na grande maioria, trabalhadoras) domésticos. Estes não eram sindicalizados nem se beneficiavam da política da previdência. Ficavam ainda de fora todos os trabalhadores rurais, que na época ainda eram maioria. Tratava-se, portanto, de uma concepção da política social como privilégio e não como direito. Se ela fosse conhecida como direito, deveria beneficiar a todos da mesma maneira. Do modo como foram introduzidos, os benefícios atin-

giam aqueles a quem o governo decidia favorecer, de modo particular aqueles que se enquadravam na estrutura sindical corporativa montada pelo Estado. Por esta razão, a prática social foi bem caracterizada por Wanderley G. dos Santos como "cidadania regulada", isto é, uma cidadania limitada por restrições políticas (CARVALHO, 2018, p. 118).

c) Censura e sistema de propaganda do Estado Novo

A prática ditatorial varguista contava ainda com órgãos de repressão e de propaganda. Esse maquinário governamental composto por atividades de censura, perseguição política e produção de imaginário coletivo seria elemento recorrente em todas as ditaduras do século XX, afinal, para que um regime autoritário da ordem do Estado Novo pudesse prosseguir, ele deveria contar obrigatoriamente com o apoio do povo; ao mesmo tempo, deveria trabalhar com afinco para restringir movimentos sociais e oposicionistas que pudessem ameaçar os pilares do regime em questão.

Inclusive, grande parte desse aparato de repressão policial havia começado a ser criado antes do golpe de 1937. No ano de 1935, por exemplo, havia sido criada a Lei de Segurança Nacional que agia para reprimir supostos crimes contra a ordem política e social. Em 1936, com a instalação do Tribunal de Segurança Nacional, Vargas criou um instrumento que facilitava o julgamento e a prisão de suspeitos de participação em atos políticos ou considerados subversivos.

Entretanto, foi o ano de 1933 que se destaca, pois foi nele que Vargas criou sua polícia política. Elemento recorrente nos regimes ditatoriais modernos, a organização de uma polícia dessa ordem criava condições para que o Estado pudesse exercer transversalmente seu controle social. A Delegacia Especial de Segurança Política e Social (Desp) atuava na repressão política. Seus agentes recebiam denúncias, investigavam e encarceravam possíveis suspeitos de subversão da ordem. Lilia Schwarcz e Heloisa Starling chamam a atenção para o fato de que era nesse aparato policial que os traços do Estado Novo mais se aproximavam daqueles presentes nos regimes fascistas europeus:

> No comando da Desp — e da Polícia Civil — Vargas entronizou o capitão do exército Filinto Müller. Na condição de chefe de polícia, Müller não vacilou em mandar matar, torturar ou deixar apodrecer nos calabouços da Desp suspeitos e adversários declarados do regime. Pró-nazista, manteve através de sua delegacia um intercâmbio, reconhecido pelo governo brasileiro, com a Gestapo — a polícia secreta de Hitler — que incluía troca de informações, técnicas e métodos de interrogatório. Müller era oficial da ativa, provisoriamente deslocado para um posto especial fora da cadeia de comando regular, e voltaria a vestir a farda em 1942, mas jamais recebeu nenhum tipo de desaprovação formal do Alto Comando por seu comportamento e

pelos serviços prestados ao Estado Novo. E, ademais, sempre contou com o apoio incondicional do presidente da República (SCHWARCZ; STARLING, 2018, p. 375).

Além do aparato repressivo armado por meio da tríade composta pela Lei de Segurança Nacional, o Tribunal de Segurança Nacional e a Desp, o Estado Novo percebia a necessidade de um mecanismo de adesão da população ao regime. Desse modo, Vargas esteve à frente do primeiro governo nacional a articular um forte aparato de censura e divulgação de seu ideal político.

No ano de 1939, foi instalado o Departamento de Imprensa e Propaganda (DIP), uma agência com poder absoluto no tocante à comunicação do regime. O órgão era composto por seis seções: propaganda, radiodifusão, cinema e teatro, turismo, imprensa e serviços auxiliares. Sua missão era a de projetar, de modo constante, imagens e informações que pudessem legitimar socialmente o Estado Novo. O DIP também era o órgão responsável pela censura, estendendo sua função especialmente às práticas artístico-culturais, como o teatro e a música popular. Uma das iniciativas mais memoráveis do órgão foi a criação, no ano de 1938, do programa de rádio *Hora do Brasil* que popularizou a voz de Vargas, emitindo seus discursos que tinham como objetivo aproximar o líder carismático da população, que o ouvia em sua casa ou em seu ambiente de trabalho. Como nos conta José Murilo de Carvalho, o trabalho do DIP tinha um grande êxito em relação aos seus propósitos:

A partir de 1943, o ministro do Trabalho, Alexandre Marcondes Filho, começou a transmitir pelo rádio, durante a *Hora do Brasil*, uma série de palestras dirigidas aos trabalhadores. O programa era transmissão obrigatória por todas as rádios. Nele creditava-se ao Estado Novo o estabelecimento da dignidade do trabalho e do trabalhador, e a transformação do homem em novo cidadão, de quem antes era excluído da comunidade nacional. (...) Vargas era exaltado como o grande estadista que tinha se aproximado do povo, que lutava pelo povo, que se identificava com o povo. Era o grande benfeitor, o "pai dos pobres". À medida que se aproximava o fim do regime, o próprio Vargas passou a se dirigir aos operários em grandes comícios organizados com o apoio da máquina sindical. A propaganda não caiu no vazio. Enquanto as forças liberais se organizavam para depor o ditador, as forças populares se congregavam em movimento oposto que lutava por sua permanência no poder. Criou-se o "queremismo", nome tirado da expressão "queremos Vargas" (CARVALHO, 2018, p. 128).

d) Declínio do Estado Novo: uma ditadura brasileira diante da Segunda Guerra Mundial

Perante os acontecimentos da Segunda Guerra, o Estado Novo conseguiu, até por um tempo razoável, manter-se numa posição neutra. Se as inclinações ditatoriais do regime flertavam com o fascismo (inclusive, Vargas teria trocado cartas com ditadores europeus, como o espanhol Franco e o alemão Hitler, de modo a considerar legítimos seus governos), Getúlio também mantinha uma política pacífica com o presidente estadunidense Roosevelt. Aliás, seu interesse na parceria com os Estados Unidos era até maior do que seu flerte com os totalitarismos em curso na Europa, uma vez que seu projeto de reformas estava orientado para a criação de uma indústria de base no Brasil, o que só seria possível com o apoio financeiro de Roosevelt.

Mesmo sustentando essa espécie de posição ambígua, a Segunda Guerra marcou o declínio do Estado Novo, ao explicitar a impossibilidade de se manter um regime de ordem autoritária no país. O ataque japonês à base estadunidense de Pearl Harbor conduziu a manifestações civis que exigiam que Vargas rompesse com o Eixo e manifestasse apoio aos Aliados. Com a tomada de posição por parte do governo brasileiro, o Eixo começou a articular ofensivas em relação ao exército nacional. Por outro lado, o apoio do Brasil aos Aliados fez com que o projeto de industrialização do Brasil ganhasse investimentos dos Estados Unidos.

No entanto, conforme se percebia que a Guerra chegava ao fim, Vargas diagnosticava a impossibilidade de dar continuidade ao Estado Novo. Uma vez que a derrota do Eixo se evidenciava aos olhos de todos, tornava-se também um fato a vitória de uma corrente política que defendia sistemas de governo fundamentados em ideais democráticos e em modelo econômico capitalista. Associada ao fim da guerra, essa defesa do ideal democrático encabeçada, sobretudo, pelos Estados Unidos, anunciava a dificuldade em se levar adiante regimes autoritários, como a ditadura varguista brasileira.

Em consequência do movimento global, manifestações civis no Brasil também passaram a reivindicar a instalação de um regime democrático. A partir desse cenário, Vargas começou a trabalhar no processo de transição democrática. Em outubro de 1945, o então presidente renunciou ante a iminência de ser deposto por um golpe militar. Em dezembro desse ano, realizaram-se eleições e Vargas foi eleito senador. Isso o afastaria por algum tempo do poder Executivo, mas não definitivamente. Em 1951, Vargas voltaria a se tornar presidente. Dessa vez, no entanto, vencendo uma eleição constitucional.

4.2 O Regime Militar (1964-1985): 21 anos de exceção

O segundo período em que o país viveu sob um governo ditatorial está situado na segunda metade do século XX. Ao contrário do Estado Novo, esse período não foi comandado por um civil nem por um único governante, como havia sido anteriormente por Getúlio Vargas, mas sim por um conjunto de militares das Forças Armadas. Ao longo de seus 21 anos de duração, cinco militares ocuparam o posto do Executivo na ditadura: os marechais Castelo Branco (1964-1967) e Costa e Silva (1967-1969) e os generais Emílio Garrastazu

Médici (1969-1974), Ernesto Geisel (1974-1979) e João Batista Figueiredo (1979-1985).

Os nomes desses presidentes podem não nos remeter diretamente às imagens de suas figuras ou às suas biografias. Isso porque esse grupo de militares não se valeu de modo direto das estratégias de culto à personalidade, como Vargas e outros ditadores modernos fizeram. Uma prova disso é um dos episódios que marca o término do regime: quando Figueiredo deixou o poder, em 1985, recusou-se a entregar a faixa presidencial ao seu sucessor e decidiu deixar o Palácio do Planalto pela porta dos fundos. Posteriormente, numa entrevista, o general disse que, na verdade, o que queria mesmo era ser esquecido. Se, a princípio, os cinco presidentes militares parecem distantes de nosso imaginário e do nosso atual momento político, veremos, na contramão, como o Regime Militar brasileiro é um período crucial para entendermos não somente o nosso presente político, como também os modos com os quais lidamos com as práticas de memória e de esquecimento histórico.

Por se tratar de um evento relativamente recente e que tem fundamental importância na atual conjuntura política do Brasil, são diversos os retratos do período. Várias são as interpretações históricas e sociológicas a respeito do Regime Militar brasileiro. Inclusive, algumas dessas leituras provenientes de correntes teóricas conservadoras vêm propondo revisões de eventos, narrativas e terminologias que pareciam até então inquestionáveis, tamanha a sua evidência histórica e lastro documental. Aqui, elaboraremos um retrato das particularidades da ditadura, tendo como base os trabalhos de historiadores e cientistas políticos que, partindo de uma sólida investigação documental e densa análise do momento político da época, orientam-nos a destacar quais as características principais do maior período ditatorial brasileiro.

Antecedentes do golpe militar: impedimento político do avanço das reformas progressistas

Como nos contam as historiadoras Maria Celina D´Araujo e Mariana Joffily (2019), do mesmo modo como aconteceu no período anterior à instauração do Estado Novo, novamente o anticomunismo foi a argamassa que deu unidade a um golpe militar no Brasil. Nesse caso, entretanto, o que não se sabia, nem mesmo os militares golpistas, é que o período de exceção instaurado com o intuito de bloquear a suposta ameaça comunista formalizaria uma ditadura de 21 anos.

Evidentemente, o anticomunismo não foi o único motivo que abriu espaço político para a realização de um golpe de Estado. No começo da década de 1960, o Brasil passava por uma forte crise política, econômica e social: as taxas de inflação cresciam exponencialmente e a dívida externa aumentava. O então presidente, João Goulart, apelidado popularmente Jango, possuía uma agenda de reformas – incluindo a reforma agrária, tão temida pelas oligarquias do país – em que se demonstrava inclinado às perspectivas sociais defendidas pela esquerda. Entretanto, as reformas não encontravam cenário propício para avançar, uma vez que o país havia adotado o parlamentarismo e, para governar, o então presidente precisava da aprovação da maioria na Câmara Federal.

Outro problema era a constatação de uma rede golpista que se formava no país, contando com financiamento dos Estados Unidos. O Instituto Brasileiro de Ação Democrática (Ibad), instalado no Rio de Janeiro desde 1959, estava articulado com a Agência Central de Informações (*Central Intelligence Agency*, a CIA) estadunidense. O Ibad financiou, ilegalmente e com apoio de fontes governamentais norte-americanas, quase 900 candidatos a cargos políticos nas eleições pré-golpe de Estado:

> Os recursos provinham de empresas multinacionais ou associadas ao capital estrangeiro, e de fontes governamentais dos Estados Unidos responsáveis por investir "um ou dois dólares americanos" na conspiração contra Goulart, como anos depois o embaixador norte-americano confirmou ter feito. O objetivo do patrocínio em alta escala era estratégico: construir uma frente parlamentar oposicionista no Congresso, emperrar o governo e abrir caminho para o golpe (SCHWARCZ; STARLING, 2018, p. 440).

Não podemos perder de vista que estava em curso a chamada Guerra Fria (1947-1991), caracterizada pela disputa política entre os blocos socialista, liderado pela União das Repúblicas Socialistas Soviéticas (URSS), e capitalista, tendo como centro os Estados Unidos. Além disso, a bem-sucedida Revolução Cubana, assim como a aproximação de Cuba com a URSS aparecia como uma ameaça iminente ao predomínio do sistema capitalista na América, como era ambicionado pelos EUA. Assim, uma das estratégias governamentais estadunidenses foi a de investir financeiramente em modos de se controlar o avanço das esquerdas na América Latina. Não à toa, países como Brasil, Argentina, Uruguai, Chile e Paraguai foram alvos de golpes de Estado numa época semelhante (1960-1980) e passaram a ter seu governo interno conduzido por ditadores militares. Florestan Fernandes (2019) observará nesse processo o triunfo do desenvolvimento capitalista no Brasil, assim como a formação das bases de sua futura democracia burguesa e autoritária.

Dois eventos traduzem bem a atmosfera política da época pré-golpe, assim como as circunstâncias que possibilitaram a deflagração da investida militar. O primeiro deles foi um comício de Jango realizado na Central do Brasil e que reuniu por volta de 200 mil pessoas. Ali, Jango afirmou que não estava mais disposto a fazer qualquer tipo de concessão: aprovaria a agenda de reformas tão aguardadas pela esquerda. A oposição traduziu o discurso de Jango como se ali estivesse a ameaça de que o então presidente usaria de ferramentas inconstitucionais para armar o plano de reformas. O temor proveniente do episódio gerou uma resposta imediata: em São Paulo, uma multidão foi às ruas com bandeiras e rosários, pedindo para que as Forças Armadas salvassem o Brasil de um golpe comunista. Tratava-se da famigerada Marcha da Família com Deus pela Liberdade, idealizada pela União Cívica Feminina. A passeata reuniu por volta de 500 mil pessoas. A formação dessa massa era diversa: havia, evidentemente, uma elite contrária à aposta nos direitos dos trabalhadores urbanos e rurais; entretanto, havia também as classes médias que haviam sentido o perigo de serem afetadas e preteridas pelas reformas encabeçadas por Jango. Por mais que Jango debochasse do movimento conservador, era evidente que a marcha temerosa do avanço comunista havia sido numericamente expressiva.

As Forças Armadas, valendo-se do conflito criado e atendendo à convocação de certa parcela da população, entraram em cena, deflagrando um estado de exceção que enunciava dois princípios fundamentais: tomar o poder provisoriamente para realizar a mediação do conflito e, com os ânimos menos exaltados, instaurar um processo eleitoral e voltar aos seus postos nos quartéis. Como podemos observar, as Forças Armadas faziam valer uma compreensão da instauração de um estado de exceção que poderia nos remeter, de modo geral, à estratégia governamental observada na Roma Antiga: declarar um breve período ditatorial, cujo objetivo maior consistiria justamente na preservação do regime republicano. Entretanto, o Brasil da segunda metade do século XX definitivamente não se organizava politicamente como a República Romana, assim como seria um tanto absurdo comparar a posição política dos militares das Forças Armadas à de figuras como magistrados eleitos. Mesmo assim, por mais que a intervenção militar tenha gerado insatisfações e resistências pontuais, o seu caráter dito provisório, à época, foi um dos motivos que permitiu com que ela se instalasse. Talvez fosse por essa perspectiva que o golpe de 1964 não tenha encontrado grande resistência por parte das esquerdas:

> Até hoje os historiadores debatem as razões que permitiram aos golpistas alcançar uma vitória fácil. É certo que faltou o comando de Jango para resistir. Contudo, entre as esquerdas e junto aos setores que o apoiavam, ninguém tomou a iniciativa de assumir a liderança e enfrentar o golpe — nem o Partido Comunista ou o CGT, nem as Ligas Camponesas, nem Brizola. É provável que todos eles, inclusive Goulart, tenham feito o mesmo cálculo antes de recuar: a intervenção militar, em 1964, repetiria a lógica de 1945, 1954, 1955 e 1961. (...) Ninguém imaginava outra coisa além de eleições em 1965 (SCHWARCZ; STARLING, 2018, p. 447).

No dia 11 de abril de 1964, por meio de uma eleição indireta, o Congresso Nacional levou à presidência o general Castello Branco, uma vez que ele era o único candidato da eleição. Além disso, na véspera da votação no Congresso, foi publicada uma lista em que constavam diversos nomes de parlamentares que haviam tido seu mandato cassado por um período de 10 anos. Ao tomar posse, o militar prometeu defender a Constituição de 1946 e, além disso, garantiu que entregaria o cargo no ano seguinte, convocando uma nova eleição.

Entretanto, como sabemos hoje, tais eleições nunca aconteceram. Dentre os militares e os golpistas, havia aqueles que possuíam uma agenda própria. 1964, portanto, é o ano que demarca o momento em que o país adentra em seu mais extenso período ditatorial.

Os militares e o "milagre econômico"

Um dos objetivos centrais dos militares, uma vez no poder, era a organização de um planejamento de governo fundamentado na elaboração de uma forte política econômica que pudesse produzir resultados efetivos e positivos em relação à crise na qual o país se encontrava. Evidentemente, partiam do pressuposto de que uma intervenção governamental, que apresentasse resultados efetivos em relação à crise econômica, teria muito mais chances de contar com a aprovação social. A associação entre crise econômica e oportunidade para a deflagração de um regime autoritário e ditatorial é uma constante ao longo da modernidade. Entretanto,

> há dúvidas entre economistas e cientistas sociais em geral quanto à necessidade de uma ditadura para estabelecer correções na economia. Do ponto de vista teórico, aliás, há a convicção de que nenhuma crise econômica se torna menor ou é administrada com sucesso sustentável,

se houver ditadura. Mas foi o que ocorreu e a reversão da instabilidade econômica foi atribuída à habilidade dos governos militares (D´ARAUJO; JOFFILY, 2019, p. 35).

A centralidade da economia, contudo, não impediu que outra grande estratégia governamental da ditadura seguisse em paralelo: a criação de órgãos de controle e informação a respeito de questões de segurança interna, tendo como objetivo conter manifestações e organizações refratárias ao regime.

O governo de Castello Branco realizou uma alteração significativa no sistema político nacional, ao instaurar uma parceria entre as Forças Armadas no poder e setores da sociedade civil interessados na deflagração de um processo de modernização econômica, pautado pelo investimento na indústria e na abertura ao capital internacional. Assim, o que se viu ao longo dos primeiros anos de ditadura, foi a instauração de um projeto econômico que atrelava o desenvolvimento da economia interna ao investimento estrangeiro, reduzindo a participação do Estado na regulação dessas relações, de modo a elevar o ritmo do crescimento econômico. Além disso, o governo adotou uma política rígida com objetivos de gerar alguma estabilização econômica: obrigou o controle dos salários, propôs uma revisão na legislação sobre a idade mínima para trabalhar, assim como o fim da estabilidade no emprego. Como também havia acontecido no Estado Novo, a ditadura militar canalizou suas forças na proibição da organização sindical autônoma, como passou a proibir a realização de greves.

Resultados positivos apareceram num tempo relativamente curto: a economia apresentou uma recuperação razoável e um exemplo disso foi a queda da inflação. Instaurou-se um surto de crescimento econômico no país, o que levou o governo a apelidar o acontecimento de "milagre econômico", positivando socialmente sua gestão política dos recursos, exportações e investimento industrial. Assim, por algum tempo, o "milagre econômico" fez com que parcela da população, mais especificamente certa classe média, pudesse se beneficiar do aquecimento econômico, tendo acesso ao crédito fácil, inserções no mercado de trabalho e podendo realizar um grande "sonho brasileiro": a obtenção da casa própria.

Entretanto, como nos contam Schwarcz e Starling (2018):

> A performance de crescimento seria indiscutível, porém o milagre tinha explicação terrena. Misturava, com a repressão aos opositores, a censura aos jornais e demais meios de comunicação, de modo a impedir a veiculação de críticas à política econômica, e acrescentava os ingredientes da pauta dessa política: subsídio governamental e diversificação das exportações, desnacionalização da economia com a entrada crescente de empresas estrangeiras no mercado, controle do reajuste de preços e fixação centralizada dos reajustes de salários (p.453).

Delfim Netto, Ministro da Fazenda do governo Médici, fazia declarações um tanto absurdas, à época, como uma em que afirmava que primeiro o Brasil teria que aumentar a produção a qualquer custo para que, só depois, quando poucos já tivessem muito, a distribuição igualitária desse produto bruto pudesse ser realizada. Como bem sabemos, essa distribuição nunca aconteceu, apenas o processo concentracionário. Assim, o período do "milagre econômico" acabou gerando consequências bastante negativas para o país. Algumas dessas mazelas foram a concentração de renda nas mãos de poucos e o vertiginoso aumento da dívida externa. Essa extrema dependência dos mercados externos produziria, mais adiante no Regime Militar, uma nova crise econômica, que seria um dos motivos que levaria o governo ditatorial ao declínio.

a) Os Atos Institucionais e o AI-5

Na esteira da associação histórica entre ditadura e movimento revolucionário, as Forças Armadas, até os dias de hoje, empregam o termo "revolução" para designar o golpe militar de 1964. Segundo os militares, o golpe teria impedido o avanço do domínio comunista no país, ao instaurar um estado de exceção. Essa visão revolucionária da intervenção está associada ao que se chamou, ao longo da ditadura, Atos Institucionais. Esses documentos consistiam em textos promulgados pelo Executivo, que legitimavam as decisões políticas radicalizadas dos militares, podendo, inclusive, ir contra as bases legais que se encontravam na Constituição. A justificativa governamental desse recurso legislativo consistia tanto no combate à corrupção como à subversão comunista. Em termos gerais, esses Atos institucionalizavam a repressão de Estado, talvez a característica mais forte do Regime Militar brasileiro. Ao todo, entre os anos de 1964 e 1985, foram promulgados 17 deles.

O primeiro documento, conhecido como AI-1, consistiu num instrumento jurídico para Castello Branco, que lhe permitia encarcerar pessoas resistentes à intervenção militar, assim como organizar todo um sistema de vigilância, informação e repressão que retirava do cidadão seus direitos de ir e vir. O AI-2, por sua vez, foi o documento que impediu a realização das eleições prometidas para o término do período de exceção: Castello Branco, por meio do decreto, não somente prorrogou o próprio mandato, como também suprimiu a realização de futuras eleições, extinguindo todos os partidos políticos existentes. O AI-3, por sua vez, eliminou as eleições para governadores, além de permitir a instalação de apenas dois partidos políticos: a Aliança Renovadora Nacional (Arena), que apoiava o governo, e o Movimento Democrático Brasileiro (MDB), que reunia a parcela política que fazia oposição ao regime. Com essa determinação, a ditadura também sequestrava os direitos políticos dos cidadãos ao longo de todo o prosseguimento do Regime Militar. O AI-4 serviu como forma de convocar o Congresso Nacional à elaboração de uma nova carta constitucional que substituiu a Constituição de 1946.

No ano de 1968, um episódio, fruto da violência do regime, tomou conta dos noticiários nacionais: o estudante Edson Luís havia sido morto pela polícia militar durante uma manifestação universitária contrária aos militares. Uma grande manifestação convocada após a morte do estudante, somada a outras denúncias contra o regime e a eclosão de manifestações ao redor do mundo organizadas por estudantes e movimentos sociais progressistas. produziram uma violenta resposta dos militares. No dia 13 de dezembro de 1968, foi editado o Ato Institucional n° 5.

De todos os 17 documentos, aquele que entrou definitivamente para a história como marco da exacerbação da violência do Estado foi o AI-5. Composto por doze artigos, o documento definia, entre outras ações: o fechamento do Congresso Nacional por tempo indeterminado; a suspensão do direito de habeas corpus; a cassação dos direitos políticos de qualquer cidadão quando julgado e condenado pelo governo; a realização obrigatória de julgamentos políticos em tribunais militares; e a censura prévia à imprensa e às produções culturais. Segundo Schwarcz e Starling:

> O AI-5 era uma ferramenta de intimidação pelo medo, não tinha prazo de vigência e seria empregado pela ditadura contra a oposição e a discordância. Apesar disso, não foi o único instrumento de exceção criado pelas Forças Armadas nem significou um "golpe dentro do golpe" aplicado por facções intramilitares radicais para garantir a expansão do arbítrio e da repressão política. O

> AI-5 fez parte de um conjunto de instrumentos e normas discricionárias, mas dotadas de valor legal, adaptadas ou autoconferidas pelos militares. Eles despenderam grande esforço para enquadrar seus atos num arcabouço jurídico e construir um tipo de legalidade plantada no arbítrio — uma legalidade de exceção —, capaz de impor graves limites à autonomia dos demais poderes da União, punir dissidentes, desmobilizar a sociedade e limitar qualquer forma de participação política (2018, p. 455).

O AI-5 só seria revogado em 1979, por um decreto do governo Geisel. O período em que esteve em vigor passou a ser denominado como anos de chumbo da ditadura e logo veremos o porquê.

b) Ditadura, repressão e tortura

A ditadura militar se valeu de diversos mecanismos de controle da população para se efetivar e se sustentar ao longo dos seus 21 anos de duração. Do mesmo modo como diversos regimes ditatoriais situados ao longo do século XX, o caso brasileiro também apostou na criação de um forte aparato de censura política, a fim de silenciar produções divergentes aos ideais do regime. O par censura-repressão política foi efetivamente mobilizado pelos militares, permitindo que levassem adiante seu projeto de governabilidade econômica.

A Divisão de Censura e Diversões Públicas (DCPD) tinha como propósito controlar o fluxo público das informações e da produção de opinião no país, assim como censurar conteúdos críticos e de contestação, que circulavam nas produções culturais da época. Passaram a ser proibidos filmes, canções, peças de teatro etc. Com a exacerbação da violência estatal com o AI-5, diversos artistas e intelectuais se valeram do exílio político como estratégia de sobrevivência.

A máquina de repressão da ditadura era formada pelos Departamentos de Ordem Política e Social (Dops), Centro de Informações do Exército (CIE), Centro de Informações da Marinha (Cenimar) e Centro de Informações de Segurança da Aeronáutica (Cisa). Em 1969, com a criação da Operação Bandeirante (Oban) em São Paulo, foi instaurado um sistema fixo de contribuição entre as três Forças Armadas, de modo a combinar coleta de informações, interrogatórios e operações de combate aos opositores do regime.

No ano de 1970, foram instaurados os Centros de Operação e Defesa Interna (Codi), assim como o Destacamento de Operação Interna (DOI):

> No Brasil, os DOI-Codis, a partir de 1970, foram os principais locais onde se dava a *decisão* sobre a vida e a morte dos dissidentes e perseguidos políticos – e onde muitos deles foram assassinados. No DOI-Codi do II Exército (São Paulo), por exemplo, pelo menos 105 pessoas foram vítimas de homicídio ou desaparecimento forçado, no período transcorrido entre junho de 1969 e dezembro de 1976. Tais locais constituíram-se na mate-

rialização do estado de exceção; neles, a suspensão dos direitos, a desumanização e a despersonalização dos prisioneiros buscavam transformá-los em corpos destituídos de autonomia, vidas torturáveis e matáveis, expostas aos limites da violência, da crueldade e do extermínio (TELES, 2013, p. 13).

Além disso, o sistema de repressão política e tortura organizado pelos militares acabava criando a necessidade de se organizar uma rede de violência, que abrangia também juristas e médicos, uma vez que, para a tortura operar, era preciso haver juízes que condenassem determinados indivíduos, assim como hospitais que se dispusessem a fraudar autópsias, a fim de eximir o Estado da culpa pela violação dos direitos humanos.

A tortura política no Brasil pode ser lida como fruto de uma lógica de combate: tratava-se de organizar um maquinário mortal para impedir que o inimigo agisse, antes mesmo de que ele pudesse encontrar uma situação propícia para tanto.

Um dos casos exemplares do estabelecimento desse maquinário de morte se verifica no assassinato político do jornalista Vladimir Herzog, em 1975. Diretor do departamento de telejornalismo da TV Cultura, Herzog foi intimado a comparecer ao DOI-Codi paulista. Ali, foi encontrado morto. Os militares, como não tinham condições de desaparecer com o corpo, criaram sua versão para a morte do jornalista, forjando uma cena de suicídio. Mas era bastante evidente que Herzog havia sido torturado e morto pelos militares. Vale lembrar que a versão de suicídio foi mobilizada recorrentemente pelos militares para ocultar seus crimes de Estado ao longo da ditadura. A morte de Vladimir Herzog, assim como as manifestações públicas contra a ditadura que a sucederam, foi um dos estopins para a percepção do declínio do regime ditatorial militar.

É importante pontuar que esse aparato formalizado pela tortura, censura e repressão não estava restrito apenas aos opositores declarados do regime ou a outras organizações políticas contrárias aos militares. Como salientam Schwarcz e Starling:

> Nada se compara aos crimes cometidos pela ditadura contra as populações indígenas. O mais importante documento de denúncia sobre esses crimes — o Relatório Figueiredo — foi produzido pelo próprio Estado, em 1967, e ficou desaparecido durante 44 anos, sob a alegação oficial de que havia sido destruído num incêndio.(...) Para escrevê-lo, o procurador-geral Jader de Figueiredo Correia percorreu com sua equipe mais de 16 mil quilômetros e visitou 130 postos indígenas em todo o país.
>
> O resultado é estarrecedor: matanças de tribos inteiras, torturas e toda sorte de crueldades foram cometidas contra indígenas brasileiros por proprietários de terras e por agentes do Estado. Figueiredo fez um trabalho de apuração notável. Incluiu relatos de dezenas de testemu-

nhas, apresentou centenas de documentos e identificou cada uma das violações que encontrou: assassinatos, prostituição de índias, sevícias, trabalho escravo, apropriação e desvio de recursos do patrimônio indígena. Seu relatório denuncia — e comprova — a existência de caçadas humanas feitas com metralhadoras e dinamite atirada de aviões, inoculações propositais de varíola em populações indígenas isoladas e doações de açúcar misturado a estricnina. Os índios estavam posicionados entre os militares e a realização do projeto estratégico de ocupação do território brasileiro concebido pelo Ipes e pela ESG, e pagaram um preço alto demais por isso (2018, p. 463).

c) Declínio da ditadura militar

Foram duas as principais razões para o fim do Regime Militar. A primeira delas concerne ao aspecto econômico: como diagnosticamos anteriormente, o resultado da política que levou ao chamado "milagre econômico" também elevou a dependência do país em relação aos países desenvolvidos, o que aumentou drasticamente a dívida externa brasileira. Ao final do governo Geisel, por mais que o Brasil tivesse em seu interior o maior complexo industrial dos países considerados como periféricos, assistia ao aumento das taxas de inflação, ao crescimento das taxas de juros internacionais e ao aumento exponencial do desemprego.

O segundo motivo que impulsionou o declínio do regime tinha a ver tanto com o descontentamento de certa ala militar em relação aos rumos da ditadura, como com a crescente onda de manifestações pró-democráticas que expunham os crimes cometidos ao longo do governo militar.

O processo de transição democrática, no entanto, não aconteceu do dia para a noite. Se um movimento de abertura política passou a ser organizado por Geisel a partir de 1975, apenas dez anos depois, em 1985, ocorreria o episódio em que Figueiredo, o último ditador militar, recusaria passar a faixa presidencial, abandonando o Palácio do Planalto pela porta dos fundos:

> As Forças Armadas intervieram na cena pública em 1964 e ficaram 21 anos no poder porque julgavam ser isso do interesse da instituição — e, como até hoje se imaginam com legitimidade própria, consideraram estar agindo em benefício do país. Quando avaliaram a conveniência de abrir mão do controle direto do Executivo, também trataram de preservar seus interesses específicos. Uma das exigências dos militares era manter ativas as estruturas concebidas durante a ditadura, entre elas o sistema de informação e segurança. Além disso, demandavam a garantia de que permanecesse intocável quem tivesse se envolvido com a repressão política — não haveria "revanchismo", costumava-se dizer nos quartéis. Por fim, exigia-se a continuidade dos incentivos para o desenvolvimento da indústria de armamento criada a partir de 1964, de co-

mum acordo com os empresários, e das empresas relacionadas à segurança do Estado, sobretudo as de telecomunicações e informática (SCHWARCZ; STARLING, 2018, p. 470).

Toda essa lentidão estratégica da saída dos militares do poder foi acompanhada de manifestações e exigências de justiça por parte da sociedade civil. Como vimos, o assassinato de Herzog mobilizou milhares de civis contrários às táticas de prisão ilegal, tortura e assassinato, realizadas pelos militares. Os opositores à ditadura passaram a demandar a volta ao estado de direito, assim como aos direitos de cidadania. Organizou-se uma tensão entre as demandas civis pela retomada democrática e o projeto de transição lento e gradual, que objetivava manter algumas restrições políticas, almejado pelos militares.

Ainda dentro desse cenário, no ano de 1978, com a extinção do AI-5 pelo governo Geisel, na cidade de São Bernardo com Campo, no entorno de São Paulo, eclodiu um ciclo grevista de proporções gigantescas. A região do ABCD, em São Paulo, era numa espécie de coração industrial do país, estando diretamente relacionada ao surto econômico observado ao longo do Regime Militar. O fato de que uma das cidades da região tinha adentrado em um ciclo grevista, gerou como consequência para o país o saldo de mais de 4 milhões de trabalhadores mobilizados em greves em pelo menos 15 dos 23 estados nacionais.

Ainda em 1978, Geisel revogou o decreto que bania exilados políticos. Seu sucessor, João Figueiredo, deu continuidade à política de concessão da anistia. O movimento em prol da anistia havia sido iniciado pelo Movimento Feminino pela Anistia (MFPA), em 1975. Núcleos compostos por civis, que reivindicavam a anistia para os presos e exilados políticos, vítimas da repressão militar, passaram a se espalhar pelo país. Logo, os militares perceberam que essa seria uma questão central para a transição democrática. Entretanto, o projeto enviado por Figueiredo ao Congresso Nacional propunha uma anistia limitada e recíproca: os presos políticos julgados por guerrilha armada não seriam anistiados, assim como funcionários públicos que haviam perdido seus cargos por perseguição ideológica; além disso, o documento definia que receberia anistia toda a pessoa que tivesse cometido crimes políticos ou conexos ao longo do regime. Com essa segunda decisão, Figueiredo aprovava estrategicamente a impunidade em relação aos crimes cometidos pelos militares. Mesmo décadas depois do fim do Regime Militar, foi essa decisão que impede que os militares que participaram dos esquemas de tortura e assassinato realizados na ditadura passem por julgamento e sejam devidamente punidos.

Por fim, outro acontecimento importante para o término da ditadura foram atritos internos entre os próprios militares. Com o movimento de transição democrática acenado por certa parcela da ala militar, houve grupos que reagiram negativamente à possibilidade de término do regime. Era justamente a ala composta pelos militares envolvidos nas organizações de violência de estado, geradas ao longo dos anos da ditadura. Esse conflito contribuiu na interrupção da coesão interna dos militares, fragilizando as Forças Armadas e tornando o prosseguimento do regime, inviável.

Como sabemos, mesmo ocorrendo o fim do regime, a transição democrática não se deu por vias de eleição direta. Apesar da força do movimento civil intitulado "Diretas Já" que, em suas manifestações que levaram mais de um milhão de pessoas para as ruas, reivindicava que os cidadãos pudessem eleger o primeiro presidente a assumir o poder na Nova República a ser instaurada em 1985, a escolha por Tancredo Neves se deu por via indireta.

5 | O PROBLEMA DO RETRATO: DITADURA E MEMÓRIA

O término de regimes ditatoriais impõe, como vimos no começo deste pequeno livro, uma reflexão coletiva a respeito de como tal período passará a ser retratado tanto no tempo presente quanto para as futuras gerações. Nessa direção, o modo como o Regime Militar brasileiro vem sendo compreendido coletivamente é um assunto que segue gerando consequências de diversas ordens, a ponto de torturadores do período seguir sendo homenageados por políticos em sessões oficiais do governo democrático. Como vimos, grande parte dessa disputa atual a respeito do entendimento da ditadura tem seu motivo nos modos como a anistia foi processada.

A historiadora Carla Simone Rodeghero (2019) identifica duas formas de aplicação da anistia, tomando como base sua recorrência ao longo da história: primeiro, como processo de esquecimento; segundo, como instrumento jurídico cujo fim restabelece a justiça. Esse segundo modo, para se concretizar, deve obrigatoriamente obter a assunção de erros por parte do Estado em relação a certo período histórico, de modo a manter permanentemente aberto o debate sobre a periculosidade das configurações da política que permitem que a violência estatal seja equiparada ao crime. Isso não aconteceu no Brasil e a anistia foi mobilizada como estratégia de esquecimento. Tal fato se torna explícito na frase cravada por Figueiredo diante das críticas que recebia a respeito do formato da Lei da Anistia: "Certos eventos, é melhor silenciá-los, em nome da paz da família brasileira" (FIGUEIREDO, apud RODEGHERO, 2019, p. 378).

O debate que ali foi silenciado é tão significativo para a história do país que iniciativas não cessaram de aparecer, ao longo dos anos subsequentes, questionando a aposta no esquecimento, encabeçada pelo governo Figueiredo, e denunciando o violento Estado repressivo ditatorial.

Uma dessas primeiras iniciativas foi o movimento *Brasil: nunca mais,* organizado pelo arcebispo católico Paulo Evaristo Arns e pelo pastor presbiteriano Jaime Wright, que culminou na publicação de um relatório no ano de 1985. O documento é composto por depoimentos e denúncias de vítimas e familiares de alvos da violência estatal, assim como por arquivos que comprovam a violência do Estado repressor. No ano de 1995, o então presidente Fernando Henrique Cardoso, impulsionado pelas evidências provenientes da exumação das valas de Perus em 1990, assinou a Lei dos Desaparecidos, na qual, pela primeira vez, o Estado passou a se reconhecer como responsável por mortes e desaparecimentos ao longo da ditadura. No ano de 2010, a Ordem dos Advogados do Brasil (OAB) dirigiu-se ao Supremo Tribunal

Federal (STF) com o intuito de questionar a constitucionalidade do parágrafo primeiro da Lei de Anistia. A Ordem solicitava à Corte uma revisão geral do conteúdo da lei e que os crimes conexos não pudessem, de forma alguma, se referir aos crimes comuns cometidos pelos agentes da repressão estatal. Sete votos a dois decidiram por manter a lei de 1979 válida e sem alterações. Por fim, no ano de 2011, a então presidenta da República Dilma Rousseff outorgou a instalação da Comissão Nacional da Verdade. Conforme avançava o trabalho da Comissão, aconteceu um incêndio criminoso de alguns dos arquivos da ditadura, que acabou com parte das provas físicas remanescentes. Em 2014, foi entregue à presidenta um relatório final proveniente de um amplo trabalho de estudo, investigação e entrevistas com vítimas, testemunhas e agentes da repressão política. Um ponto questionado por movimentos populares que esperavam mais efetividade do processo foi o fato de que tal relatório serviu mais como uma recuperação histórica do que como instrumento jurídico para a reversão de sentenças.

Alguns problemas políticos graves aparecem quando a memória de períodos autoritários não é devidamente estruturada. Um desses problemas resulta no entendimento de que esses períodos, por mais violentos que tenham sido, em nada se comparariam a outros brutais episódios da história humana. É o que acontece quando vemos ser mobilizado o neologismo "ditabranda" para adjetivar um regime ditatorial.

O termo "ditabranda" apareceu pela primeira vez na Espanha da década de 1930, como um modo de enunciar que o governo do então ditador Dámaso Berenguer era mais tolerante e pacífico do que o de seu sucessor. O que aconteceu, na verdade, foi o contrário: Berenguer executou muito mais pessoas por razões políticas do que o ditador que o precedeu. O termo também foi usado por Augusto Pinochet, no Chile, para designar seu governo autoritário. Novamente, um erro: sabemos que a ditadura militar chilena organizou campos de concentração responsáveis pelo extermínio e desaparecimento de seus opositores.

No Brasil, não foram poucas as vezes que o Regime Militar foi denominado como uma "ditabranda". Devemos lembrar, no entanto, que o termo foi inicialmente cunhado e mobilizado por ditadores. Ou seja, seu propósito epistemológico é justamente o de tornar admissíveis historicamente determinadas atitudes autoritárias presentes em contextos de crise política nacional. O problema desse procedimento é evidente: autorizar a compreensão social de que períodos autoritários e ditatoriais são provisoriamente toleráveis abre margens para que governos dessa ordem possam se instaurar novamente no país.

Desse modo, uma vez que tenhamos como objetivo coletivo radicalizar as bases da experiência democrática e igualitária de nossas sociedades contemporâneas, é preciso ter cautela em relação aos modos como retratamos os períodos ditatoriais de nossa história. É preciso, portanto, organizar um instrumental teórico com profunda base histórica, de modo que possamos flagrar de imediato a composição e as características de uma ditadura, tendo em vista impedir que essa forma de governo se instaure novamente em nossas sociedades. Esperamos que este pequeno livro tenha sido uma contribuição nesse sentido.

Sobre o autor

Luiz Pimentel nasceu em São Paulo em 1987. Formado em Artes Cênicas pela Universidade de São Paulo, possui o título de mestre em Filosofia da Educação e é doutorando em Teoria Teatral também pela USP. É artista, pesquisador e autor de livros didáticos referentes ao ensino de Arte, assim como possui uma série de artigos publicados a respeito das relações entre práticas culturais e a história do Brasil.

REFERÊNCIAS BIBLIOGRÁFICAS

ARNS, Dom Paulo Evaristo. **Brasil: nunca mais**. Rio de Janeiro: Editora Vozes, 2011.

BRASIL. **Lei nº 6.683, de 28 de agosto de 1979**. Concede anistia e dá outras providências. Brasília, DF: Presidência da República, 1979. Disponível em: https://bit.ly/2WjHIh1. Acesso em: 7 maio 2020.

CARVALHO, José Murilo de. **Cidadania no Brasil: o longo caminho**. Rio de Janeiro: Civilização Brasileira, 2018.

D´ARAUJO, Maria Celina; JOFFILY, Mariana. Os dias seguintes ao golpe de 1964 e a construção da ditadura (1964-1968). In: FERREIRA, J.; DELGADO, L. A. N. **O tempo do regime autoritário: ditadura militar e redemocratização: Quarta República (1964-1985)**. Rio de Janeiro: Civilização Brasileira, 2019.

FERNANDES, Florestan. **Apontamentos sobre a "Teoria do Autoritarismo"**. São Paulo: Expressão Popular, 2019.

GUINSBURG, J.; KOUDELA, Ingrid. **Büchner: na pena e na cena**. São Paulo: Editora Perspectiva, 2004.

MATTEUCCI, Nicola. República. In: BOBBIO, Norberto. **Dicionário de política**. Brasília: Editora UnB, 2008.

NONINI, Roberto. República Romana. In: BOBBIO, Norberto. **Dicionário de política**. Brasília: Editora UnB, 2008.

PINHEIRO, M. (org.). **Ditadura: o que resta da transição**. São Paulo: BoitempoEidtorial, 2014.

RANCIÈRE, Jacques. **O ódio à democracia**. São Paulo: Boitempo Editorial, 2014.

RODEGHERO, C. S. A anistia de 1979 e as heranças da ditadura. In: FERREIRA, J.; DELGADO, L. A. N. **O tempo do regime autoritário: ditadura militar e redemocratização: Quarta República (1964-1985)**. Rio de Janeiro: Civilização Brasileira, 2019.

SCHWARCZ, Lilia Moritz; STARLING, Heloisa Murgel. **Brasil: uma biografia**. São Paulo: Companhia das Letras, 2018.

STOPPINO, Mario. Ditadura. In: BOBBIO, Norberto. **Dicionário de política**. Brasília: Editora UnB, 2008.

TELES, Edson; SAFATLE, Vladimir (org.). **O que resta da ditadura: a exceção brasileira**. São Paulo: Boitempo Editorial, 2010.

TELES, Janaína de Almeida. Apresentação – Ditadura e repressão no Brasil e na Argentina: paralelos e distinções. In: CALVEIRO, Pilar. **Poder e desaparecimento: os campos de concentração na Argentina**. São Paulo: Boitempo Editorial, 2013.